elevar las ciencias

SAVVAS
LEARNING COMPANY

¡Eres un autor!

Este libro es para ti. Puedes escribir y dibujar en él. También puedes anotar tus datos y hallazgos. ¡Eres un autor de este libro!

Escribe tu nombre, escuela, ciudad y estado a continuación.

Mi foto

Nombre _____

Escuela _____

Ciudad, Estado _____

SAVVAS
LEARNING COMPANY

ISBN-13:   978-0-328-96222-8
ISBN-10:   0-328-96222-8
            6   21

Autores del programa

ZIPPORAH MILLER, EdD
Coordinator for K-12 Science Programs, Anne Arundel County Public Schools.
Zipporah Miller currently serves as the Senior Manager for Organizational Learning with the Anne Arundel County Public School System. Prior to that she served as the K-12 Coordinator for science in Anne Arundel County. She conducts national training to science stakeholders on the Next Generation Science Standards. Dr. Miller also served as the Associate Executive Director for Professional Development Programs and conferences at the National Science Teachers Association (NSTA) and served as a reviewer during the development of Next Generation Science Standards. Dr. Miller holds a doctoral degree from University of Maryland College Park, a master's degree in school administration and supervision from Bowie State University, and a bachelor's degree from Chadron State College.

MICHAEL J. PADILLA, PhD
Professor Emeritus, Eugene P. Moore School of Education, Clemson University, Clemson, South Carolina
Michael J. Padilla taught science in middle and secondary schools, has more than 30 years of experience educating middle grades science teachers, and served as one of the writers of the 1996 U.S. National Science Education Standards. In recent years Mike has focused on teaching science to English Language Learners. His extensive leadership experience, serving as Principal Investigator on numerous National Science Foundation and U.S. Department of Education grants, resulted in more than $35 million in funding to improve science education. He served as president of the National Science Teachers Association, the world's largest science teaching organization, in 2005–6.

MICHAEL E. WYSESSION, PhD
Professor of Earth and Planetary Sciences, Washington University, St. Louis, Missouri
An author on more than 100 science and science education publications, Dr. Wysession was awarded the prestigious National Science Foundation Presidential Faculty Fellowship and Packard Foundation Fellowship for his research in geophysics, primarily focused on using seismic tomography to determine the forces driving plate tectonics. Dr. Wysession is also a leader in geoscience literacy and education, including being chair of the Earth Science Literacy Principles, author of several popular geology Great Courses video lecture series, and a lead writer of the Next Generation Science Standards*.

Revisores

Asesores del programa

Carol Baker
Science Curriculum

Dr. Carol K. Baker is superintendent for Lyons Elementary K-8 School District in Lyons, Illinois. Prior to that, she was Director of Curriculum for Science and Music in Oak Lawn, Illinois. Before that she taught Physics and Earth Science for 18 years. In the recent past, Dr. Baker also wrote assessment questions for ACT (EXPLORE and PLAN), was elected president of the Illinois Science Teachers Association from 2011-2013 and served as a member of the Museum of Science and Industry advisory boards in Chicago. She is a writer of the Next Generation Science Standards. Dr. Baker received her BS in Physics and a science teaching certification. She completed her Master of Educational Administration (K-12) and earned her doctorate in Educational Leadership.

Jim Cummins
ELL

Dr. Cummins's research focuses on literacy development in multilingual schools and the role technology plays in learning across the curriculum. *Elevate Science* incorporates research-based principles for integrating language with the teaching of academic content based on Dr. Cummins's work.

Elfrieda Hiebert
Literacy

Dr. Hiebert is the President and CEO of TextProject, a nonprofit aimed at providing open-access resources for instruction of beginning and struggling readers, and a former primary school teacher. She is also a research associate at the University of California Santa Cruz. Her research addresses how fluency, vocabulary, and knowledge can be fostered through appropriate texts, and her contributions have been recognized through awards, such as the Oscar Causey Award for Outstanding Contributions to Reading Research (Literacy Research Association, 2015), Research to Practice Award (American Educational Research Association, 2013), William S. Gray Citation of Merit Award for Outstanding Contributions to Reading Research (International Reading Association, 2008).

Revisores del contenido

Alex Blom, Ph.D.
Associate Professor
Department Of Physical Sciences
Alverno College
Milwaukee, Wisconsin

Joy Branlund, Ph.D.
Department of Physical Science
Southwestern Illinois College
Granite City, Illinois

Judy Calhoun
Associate Professor
Physical Sciences
Alverno College
Milwaukee, Wisconsin

Stefan Debbert
Associate Professor of Chemistry
Lawrence University
Appleton, Wisconsin

Diane Doser
Professor
Department of Geological Sciences
University of Texas at El Paso
El Paso, Texas

Rick Duhrkopf, Ph.D.
Department of Biology
Baylor University
Waco, Texas

Jennifer Liang
University Of Minnesota Duluth
Duluth, Minnesota

Heather Mernitz, Ph.D.
Associate Professor of Physical Sciences
Alverno College
Milwaukee, Wisconsin

Joseph McCullough, Ph.D.
Cabrillo College
Aptos, California

Katie M. Nemeth, Ph.D.
Assistant Professor
College of Science and Engineering
University of Minnesota Duluth
Duluth, Minnesota

Maik Pertermann
Department of Geology
Western Wyoming Community College
Rock Springs, Wyoming

Scott Rochette
Department of the Earth Sciences
The College at Brockport
State University of New York
Brockport, New York

David Schuster
Washington University in St Louis
St. Louis, Missouri

Shannon Stevenson
Department of Biology
University of Minnesota Duluth
Duluth, Minnesota

Paul Stoddard, Ph.D.
Department of Geology and Environmental Geosciences
Northern Illinois University
DeKalb, Illinois

Nancy Taylor
American Public University
Charles Town, West Virginia

Revisores de seguridad

Douglas Mandt, M.S.
Science Education Consultant
Edgewood, Washington

Juliana Textley, Ph.D.
Author, NSTA books on school science safety
Adjunct Professor
Lesley University
Cambridge, Massachusetts

Maestros revisores

Jennifer Bennett, M.A.
Memorial Middle School
Tampa, Florida

Sonia Blackstone
Lake County Schools
Howey In the Hills, Florida

Teresa Bode
Roosevelt Elementary
Tampa, Florida

Tyler C. Britt, Ed.S.
Curriculum & Instructional
 Practice Coordinator
Raytown Quality Schools
Raytown, Missouri

A. Colleen Campos
Grandview High School
Aurora, Colorado

Coleen Doulk
Challenger School
Spring Hill, Florida

Mary D. Dube
Burnett Middle School
Seffner, Florida

Sandra Galpin
Adams Middle School
Tampa, Florida

Margaret Henry
Lebanon Junior High School
Lebanon, Ohio

Christina Hill
Beth Shields Middle School
Ruskin, Florida

Judy Johnis
Gorden Burnett Middle School
Seffner, Florida

Karen Y. Johnson
Beth Shields Middle School
Ruskin, Florida

Jane Kemp
Lockhart Elementary School
Tampa, Florida

Denise Kuhling
Adams Middle School
Tampa, Florida

Esther Leonard M.Ed. and L.M.T.
Gifted and Talented Implementation Specialist
San Antonio Independent School District
San Antonio, Texas

Kelly Maharaj
Science Department Chairperson
Challenger K8 School of Science and
 Mathematics
Elgin, Florida

Kevin J. Maser, Ed.D.
H. Frank Carey Jr/Sr High School
Franklin Square, New York

Angie L. Matamoros, Ph.D.
ALM Science Consultant
Weston, Florida

Corey Mayle
Brogden Middle School
Durham, North Carolina

Keith McCarthy
George Washington Middle School
Wayne, New Jersey

Yolanda O. Peña
John F. Kennedy Junior High School
West Valley City, Utah

Kathleen M. Poe
Jacksonville Beach Elementary School
Jacksonville Beach, Florida

Wendy Rauld
Monroe Middle School
Tampa, Florida

Bryna Selig
Gaithersburg Middle School
Gaithersburg, Maryland

Pat (Patricia) Shane, Ph.D.
STEM & ELA Education Consultant
Chapel Hill, North Carolina

Diana Shelton
Burnett Middle School
Seffner, Florida

Nakia Sturrup
Jennings Middle School
Seffner, Florida

Melissa Triebwasser
Walden Lake Elementary
Plant City, Florida

Michele Bubley Wiehagen
Science Coach
Miles Elementary School
Tampa, Florida

Pauline Wilcox
Instructional Science Coach
Fox Chapel Middle School
Spring Hill, Florida

Tema 1

El sonido

Misión

En esta actividad de la Misión, conocerás a una directora de orquesta que necesita tu ayuda. Quiere enviar un mensaje secreto a un amigo en la parte de atrás de un auditorio. Usará un código sonoro para enviar el mensaje.

Como lo hace un director de orquesta, completarás actividades y laboratorios. Usarás lo que aprendiste en las lecciones para hacer un código sonoro secreto. Luego enviarás un mensaje usando el código.

Busca tus actividades de la Misión en las páginas 10, 18 y 25.

La Conexión con la carrera de director de orquesta está en la página 29.

 ASSESSMENT

 VIDEO

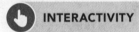 eTEXT

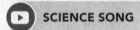 INTERACTIVITY

 SCIENCE SONG

GAME

 DOCUMENT

El Texto en línea está disponible en español.

Pregunta esencial

LABORATORIO PRÁCTICO

Tema 2

La luz

Misión

En esta actividad de la Misión, conocerás a un diseñador de juegos que necesita tu ayuda. Quiere enviar un mensaje secreto usando luz. Los jugadores usarán el mensaje de luz en un juego de láser.

Como lo hace un diseñador de juegos, completarás actividades y laboratorios. Usarás lo que aprendiste en las lecciones para escribir una guía para usar mensajes secretos de luz. Las personas podrán usar la guía en un juego de láser.

Busca tus actividades de la Misión en las páginas 47, 54 y 64.

La Conexión con la carrera de diseñador de juegos está en la página 67.

1-PS4-2, 1-PS4-3, 1-PS4-4, K-2-ETS1-1

 ASSESSMENT

 VIDEO

 eTEXT

 INTERACTIVITY

 GAME

 DOCUMENT

El Texto en línea está disponible en español.

LABORATORIO PRÁCTICO

Tema 3

1-ESS1-1, 1-ESS1-2,
K-2-ETS1-1, K-2-ETS1-2

El cielo y la Tierra

Misión

En esta actividad de la Misión, conocerás a una científica del espacio que necesita tu ayuda. Quiere que encuentres una manera de explicar los patrones del cielo a los estudiantes.

Como lo hace un científico del espacio, completarás actividades y laboratorios. Usarás lo que aprendiste en las lecciones para escribir una obra de teatro sobre los patrones del cielo.

Busca tus actividades de la Misión en las páginas 85, 92 y 98.

La Conexión con la carrera de científico del espacio está en la página 103.

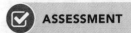 ASSESSMENT

 VIDEO

 eTEXT

 INTERACTIVITY

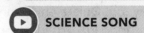 SCIENCE SONG

 GAME

 DOCUMENT

El Texto en línea está disponible en español.

LABORATORIO PRÁCTICO

El estado del tiempo y las estaciones

 ASSESSMENT

 VIDEO

 eTEXT

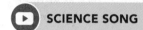 INTERACTIVITY

 SCIENCE SONG

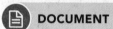 GAME

DOCUMENT

El Texto en línea está disponible en español.

Misión

En esta actividad de la Misión, conocerás a un meteorólogo que necesita tu ayuda. Quiere hacer una guía de turismo. Usará información sobre el clima para mostrarle a las familias el mejor lugar y la mejor época del año para realizar viajes.

Como lo hace un meteorólogo, completarás actividades y laboratorios. Usarás lo que aprendiste en las lecciones para diseñar una guía de turismo. Luego podrás hacerla.

Busca tus actividades de la Misión en las páginas 122 y 132.

La Conexión con la carrera de meteorólogo está en la página 135.

Pregunta esencial

LABORATORIO PRÁCTICO

Los seres vivos

1-LS1-1, K-2-ETS1-1, K-2-ETS1-2, K-2-ETS1-3

Misión

En esta actividad de la Misión de **STEM**, conocerás a una bioingeniera que quiere que pienses en un problema de las personas. Luego, buscarás una manera de usar una parte de una planta o un animal como ayuda para resolver el problema.

Como lo hace un bioingeniero, completarás actividades y laboratorios. Usarás lo que aprendiste en las lecciones para encontrar una parte de una planta o un animal que ayude a resolver un problema de los seres humanos.

Busca tus actividades de la Misión en las páginas 153, 159, 166 y 174.

La Conexión con la carrera de bioingeniero está en la página 177.

 ASSESSMENT

 VIDEO

 eTEXT

 INTERACTIVITY

 SCIENCE SONG

 GAME

 DOCUMENT

El Texto en línea está disponible en español.

LABORATORIO PRÁCTICO

Los padres y sus hijos

Misión

En esta actividad de la Misión, conocerás a una científica de la naturaleza que tiene un problema. Algunos animales han escapado del zoológico. Ayúdala a encontrar a los padres de tres animales jóvenes.

Como lo hace un científico de la naturaleza, completarás actividades y laboratorios. Usarás lo que aprendiste en las lecciones para unir a los animales adultos con sus hijos. Luego, harás un modelo de un animal adulto y un animal joven.

Busca tus actividades de la Misión en las páginas 194, 203 y 214.

La Conexión con la carrera de científico de la naturaleza está en la página 217.

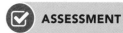 ASSESSMENT

 VIDEO

 eTEXT

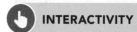 INTERACTIVITY

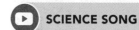 SCIENCE SONG

 GAME

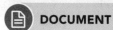 DOCUMENT

El Texto en línea está disponible en español.

Pregunta esencial

LABORATORIO PRÁCTICO

Eleva tu conocimiento

Elevar las ciencias eleva la ciencia a otro nivel y te hace ser dueño de tu aprendizaje. Explora el mundo que te rodea a través de la ciencia. Investiga cómo funcionan las cosas. Piensa críticamente y resuelve problemas. *Elevar las ciencias* te ayuda a pensar como un científico, para que estés preparado para un mundo de descubrimientos.

Explora el mundo

Explora escenarios de la vida real de todo el mundo a través de Misiones que te hacen profundizar en los temas científicos. Puedes:

- Resolver problemas reales
- Emplear destrezas y conocimientos
- Comunicar soluciones

Misión Arranque

Encuentra a los padres

¿Qué pistas nos ayudan a encontrar a los padres de las crías?

¡Hola! Soy la señorita Swift. Soy una científica de la naturaleza. Ayudo a cuidar

Haz conexiones

Elevar las ciencias conecta la ciencia con otras materias y te muestra cómo entender mejor el mundo a través de:

- Las matemáticas
- La lectura y escritura
- Literacy

Lectura ► Herramientas

Idea principal y detalles
La idea principal es que todos los seres vivos crecen y cambian. Usa los detalles para decir cómo cambia una planta de sandía durante su ciclo

Matemáticas ► Herramientas

Comparar números
Puedes comparar el largo de los objetos. Los conejos adultos tienen orejas más largas que los conejos jóvenes. Usa cubos para medir la longitud de dos objetos de la clase. ¿Cuál es más largo?

Conectar conceptos ► Herramientas

Patrones La naturaleza tiene muchos patrones. Un **patrón** es algo que se repite. Los padres protegen a sus hijos. Usan sus cuerpos para protegerlos. ¿Qué patrones ves en estas dos páginas?

¡Codifícalo!

Los códigos de los juegos hacen que los movimientos de los jugadores se vuelvan acciones.

¿Te gustaría escribir códigos para videojuegos?

Aprende sobre la carrera de ingeniero de sistemas.

jugadores de videojuegos

Diséñalo

Desarrolla destrezas para el futuro

- Domina el proceso del diseño de ingeniería

- Emplea el pensamiento crítico y las destrezas analíticas

- Conoce las carreras en ciencias, tecnología, ingeniería y matemáticas (STEM)

Enfócate en las destrezas de lectura

Elevar las ciencias crea conexiones con la lectura que te ayudan a desarrollar las destrezas que necesitas para tener éxito. Algunos recursos son:

- Leveled Readers

- Conexiones con la lectura

- Revisiones de lectura

Conexión con la lectura

Idea principal y detalles

Los científicos de la naturaleza observan los animales. Lee sobre los gansos y sus hijos.

La idea principal es de lo que se trata el texto. Los detalles hablan de la idea principal.

GAME

Practica lo que aprendiste con los Mini Games.

Los gansos y sus hijos

Entra a la zona de laboratorios

Los experimentos en los laboratorios prácticos y virtuales te ayudan a probar tus ideas, y las evaluaciones te ayudan a mostrar lo que sabes. Los laboratorios incluyen:

- STEM Labs

- Design Your Own

- Open-ended Labs

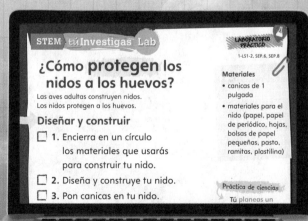

STEM *tú***Investigas** Lab

LABORATORIO PRÁCTICO

1-LS1-2, SEP.6, SEP.8

¿Cómo protegen los nidos a los huevos?

Las aves adultas construyen nidos. Los nidos protegen a los huevos.

Diseñar y construir

☐ 1. Encierra en un círculo los materiales que usarás para construir tu nido.

☐ 2. Diseña y construye tu nido.

☐ 3. Pon canicas en tu nido.

Materiales

- canicas de 1 pulgada

- materiales para el nido (papel, papel de periódico, hojas, bolsas de papel pequeñas, pasto, ramitas, plastilina)

Práctica de ciencias

Tú planeas un

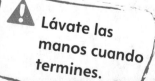

Práctica de ciencias

Tú planeas un diseño antes de construir algo.

⚠ Lávate las manos cuando termines.

El sonido

Lección 1 Describir el sonido

Lección 2 Producir sonido

Lección 3 Los usos del sonido

Estándares de Ciencias para la Próxima Generación

1-PS4-1 Planear y realizar investigaciones para aportar evidencia de que los materiales que vibran pueden producir sonidos y que el sonido puede hacer que los materiales vibren.

1-PS4-4 Usar herramientas y materiales para diseñar y construir un aparato que use luz o sonido para resolver el problema de la comunicación a distancia.

K-2-ETS1-1 Hacer preguntas y observaciones y reunir información acerca de una situación que las personas quieran cambiar, con el fin de definir un problema sencillo que se pueda resolver por medio del desarrollo de un objeto o una herramienta nueva o mejorada.

☑ ASSESSMENT

▶ VIDEO

📖 eTEXT

👆 INTERACTIVITY

▶ SCIENCE SONG

🎮 GAME

El Texto en línea está
disponible en español.

Pregunta esencial ¿Qué ocurre cuando
los objetos vibran?

Muestra lo que sabes

¿Qué instrumentos hacen sonidos fuertes
cuando los golpeas? Enciérralos en un
círculo.

Misión Arranque

Enviar mensajes sonoros

¿Cómo puedes usar el sonido para enviar un código secreto?

¡Chis! Es un secreto. Soy la señorita Keene. Soy directora de una orquesta. Necesito enviar un mensaje a una amiga. Está en la parte de atrás del auditorio. El mensaje es secreto. Hay que enviarlo usando sonido.

¿Puedes ayudarme? Necesito ayuda para pensar un código que me permita enviar mi mensaje. Busca pistas mientras lees. En el camino están las actividades de la Misión que completarás a lo largo de este tema. Al completar cada actividad, marca tu progreso para indicar que es una **MISIÓN CUMPLIDA** ✓.

Estándares de Ciencias para la Próxima Generación

1-PS4-4 Usar herramientas y materiales para diseñar y construir un aparato que use luz o sonido para resolver el problema de la comunicación a distancia.

K-2-ETS1-1 Hacer preguntas y observaciones y reunir información acerca de una situación que las personas quieran cambiar, con el fin de definir un problema sencillo que se pueda resolver por medio del desarrollo de un objeto o una herramienta nueva o mejorada.

▶ VIDEO

Ve un video sobre un director de orquesta.

Misión Control: Lab 2

Lección 2

Usa lo que aprendiste sobre las vibraciones y el sonido. Usa sonido para dar instrucciones.

Misión Control: Lab 3

Lección 3 ◆

Usa lo que aprendiste sobre las maneras de hacer sonido. Diseña un código para enviar un mensaje secreto.

Misión Control 1

Lección 1

Usa lo que aprendiste sobre distintos sonidos. Describe lo que oyes a tu alrededor.

Misión Hallazgos

¡Completa la Misión! Usa sonidos para enviar un mensaje a la amiga de la señorita Keene.

LABORATORIO PRÁCTICO

1-PS4-1, SEP.3, CCC.2

¿Cómo puedes hacer que una regla haga un sonido?

Los científicos saben que un objeto puede hacer muchos sonidos. Explora los sonidos que hace una regla. ¿Cómo puede cambiar el sonido?

Materiales
- regla de plástico
- lentes de seguridad

Procedimiento

☐ 1. **Haz un plan** para investigar cómo puede hacer sonido una regla. Muestra el plan a tu maestro.

☐ 2. Investiga una manera de cambiar el sonido.

Práctica de ciencias

Los científicos **hacen un plan** antes de investigar.

 Usa lentes de seguridad.

Analizar e interpretar datos

3. **Explica** cómo usaste la regla para hacer sonido.

_____

- - - - - - - - - - - - - - - - - - -

4. **Comenta** cómo cambiaste el sonido que hacía la regla.

Sacar conclusiones

GAME

Practica lo que aprendiste con los Mini Games.

Los científicos sacan conclusiones de los detalles. Lee sobre una banda de música en un desfile. Luego, saca tu propia conclusión.

Jesse oyó música. Era muy suave. Los músicos dieron la vuelta a la esquina. Marcharon por delante de donde estaba Jesse, de pie en la acera. ¡Ahora la música era muy fuerte! La banda siguió marchando. Jesse vio cómo se alejaba la banda.

☑ **Revisar la lectura** Sacar conclusiones

¿Cómo sonaba la banda al alejarse?

_____

_____

Describir el sonido

1-PS4-1, K-2-ETS1-1

Vocabulario

vibrar

tono

volumen

Puedo describir el sonido.

¡En marcha!

Usa la voz para hacer distintos sonidos. Túrnate con un compañero para describir los sonidos.

LABORATORIO PRÁCTICO

1-PS4-1, SEP.2

¿Cómo afecta el tamaño al sonido?

Los músicos hacen distintos sonidos al cambiar la longitud de un instrumento. ¿Cómo puedes usar la longitud para cambiar el sonido?

Materiales

- 8 popotes
- cinta adhesiva
- tijeras
- regla

Procedimiento

☐ 1. **Haz un modelo** para probar cómo la longitud cambia el sonido, usando todos los materiales.

☐ 2. **Prueba** el modelo.

☐ 3. **Observa** los sonidos y las vibraciones.

☐ 4. Toca una canción usando el modelo.

Práctica de ciencias

Los científicos usan **modelos** para entender cómo funcionan las cosas.

⚠ **Ten cuidado al usar las tijeras.**

Analizar e interpretar datos

5. **Comparar** ¿En qué se diferencian los sonidos que hacen los popotes?

_____

_____

_____

_____

6. Conversa con un compañero. ¿Cómo hace sonido tu aliento?

VIDEO

Ve un video sobre el sonido.

El sonido

El sonido es energía que se oye. Golpea un tambor. ¿Qué oyes? Oyes sonido. ¿Qué sientes? La parte de arriba del tambor vibra. El sonido viene de objetos que vibran. **Vibrar** significa moverse adelante y atrás muy rápido.

☑ **Revisar la lectura** **Sacar conclusiones**

Tocas una cuerda de violín. Di qué pasa.

Tono y volumen

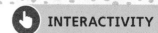
INTERACTIVITY

Compara el tono y el volumen de distintos sonidos.

Los objetos pueden hacer sonidos agudos o graves. Los sonidos pueden tener distintos tonos. El **tono** es qué tan agudo o grave es un sonido.

Los objetos pueden hacer sonidos fuertes o suaves. El **volumen** es qué tan fuerte o suave es un sonido.

Dibuja algo que haga un sonido fuerte. Dibuja algo que haga un sonido suave.

Sonido fuerte	Sonido suave

Misión Conexión

¿Cómo puedes usar el tono y el volumen en un mensaje secreto?

Sonidos del mundo

Los animales también usan el sonido para enviar mensajes. El sonido los ayuda a sobrevivir.

Los coyotes aúllan para advertirles a otros animales que no se acerquen. Los aullidos tienen un tono agudo.

Las madres coyotes gruñen para llamar la atención de sus cachorros. Los gruñidos tienen un tono grave.

A veces, los coyotes ladran en manada. Su ladrido es fuerte.

Sacar conclusiones

Piensa en un animal en la naturaleza. ¿Qué sonidos hace?
¿Por qué crees que hace esos sonidos?

_____

_____

_____

_____

MISIÓN CUMPLIDA ✓

Ecolocación

Los murciélagos usan el sonido de otra manera. Hacen un sonido que solo ellos oyen. El sonido rebota en los objetos. Los murciélagos oyen dónde están los objetos. Los murciélagos no ven bien. Usan el sonido para ver mejor de noche.

¿Alguna vez hiciste un eco? Entonces tú también hiciste rebotar tu voz en un objeto.

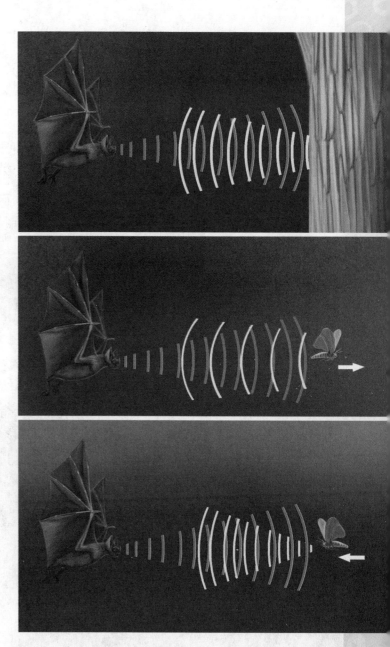

Escuchar Cierra los ojos. Pídele a un compañero que se aleje de ti en silencio. Aplaude. Cuando tu compañero responda con su aplauso, ve hacia el sonido. ¿Puedes atrapar a tu compañero?

Producir sonido

▶ VIDEO

Ve un video sobre cómo hacen sonido las vibraciones.

Vocabulario

percusión

Puedo hacer vibrar objetos para hacer sonidos.

Puedo demostrar que los sonidos pueden hacer vibrar a los objetos.

1-PS4-1

¡En marcha!

Junta los labios.

Sopla. ¿Qué oyes?

¿Qué sientes?

túInvestigas Lab

¿Cómo puedes ver el sonido?

El sonido es algo que oyes. Los científicos buscan maneras de ver el sonido para estudiarlo mejor. ¿Cómo puedes ver el sonido?

Procedimiento

☐ **1.** Usa el vaso, la cuerda y el plástico de envolver para hacer un tambor.

☐ **2.** Espolvorea arena sobre el plástico de envolver. Acércate a la superficie del vaso. Haz un zumbido fuerte. Haz un zumbido suave. Anota tus observaciones.

Observaciones

Analizar e interpretar datos

3. Explicar Comenta qué evidencia te dejó ver el sonido.

Materiales

- vaso de plástico
- cuerda
- plástico de envolver transparente
- arena
- lentes de seguridad

 Usa lentes de seguridad.

Práctica de ciencias

Los científicos usan evidencia para apoyar una idea o un argumento.

Hacer sonidos

INTERACTIVITY

Compara el sonido que hacen las cuerdas cortas y las cuerdas largas.

Cada sonido hace una vibración.
Pon las manos sobre la garganta.
¡Canta! Las cuerdas vocales vibran en
la garganta. Nos permiten cantar
o hablar.

Vuelve a poner las manos sobre
la garganta. Describe qué sientes
cuando tu voz cambia de tono.

Los tubos cortos de un xilófono hacen un tono agudo. Los tubos largos de un xilófono hacen un tono grave.

Sonidos musicales

Los instrumentos parecidos pueden hacer sonidos diferentes.

Los instrumentos grandes con cuerdas largas pueden hacer sonidos más graves. Los instrumentos más pequeños con cuerdas más cortas pueden hacer sonidos más agudos.

Lectura
►Herramientas

Sacar conclusiones
Lee las leyendas de las fotos. Comenta cómo la longitud de las cuerdas cambia el sonido que hacen los instrumentos.

Los violines son pequeños. Tienen cuerdas cortas.

Los violonchelos son grandes. Tienen cuerdas largas.

Hacer música

Algunos instrumentos tienen cuerdas. Jalas las cuerdas. Las cuerdas vibran.

Otros instrumentos se soplan. El aire vibra dentro de ellos de una manera especial. Se llaman instrumentos de viento.

Otros instrumentos se golpean para hacerlos vibrar. Los tambores, las campanillas y las panderetas son instrumentos que se golpean para hacer sonido. Los tambores, los platillos y los xilófonos se llaman instrumentos de percusión. Los instrumentos de **percusión** son los que se golpean para hacer sonido.

Comprensión visual

Escoge un instrumento. ¿Qué parte de él vibra para hacer sonido? Enciérrala en un círculo.

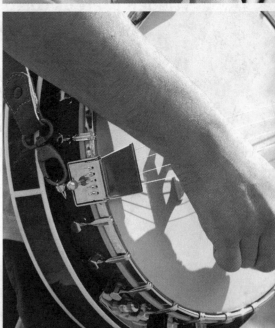

Misión Conexión

La música de algunos instrumentos puede oírse desde lejos. ¿Cómo puede ayudarte eso a enviar un mensaje?

¿Cómo pueden hablar los instrumentos?

Los objetos que vibran hacen distintos sonidos. Los directores escuchan cuando se tocan los instrumentos para hacer música. ¿Cómo puedes escuchar y usar sonidos para decirles a tus compañeros cómo moverse?

Materiales recomendados

- espátula de goma
- cuchara de madera
- batidor
- caja metálica
- recipiente de plástico
- molde de metal para hornear

Procedimiento

☐ **1.** Haz un plan para probar el sonido de distintos objetos. Muestra el plan a tu maestro.

☐ **2.** Prueba maneras de hacer vibrar los objetos.

☐ **3.** Asigna un movimiento para hacer cuando haces cada sonido. Ese es tu código secreto.

☐ **4.** Anota tu código secreto en la tabla.

☐ **5.** Prueba el código con un compañero.

Práctica de ciencias

Los científicos **investigan** algo para ver cómo funciona.

Observaciones

Objeto usado	Sonido que hizo	Movimiento para el sonido

Analizar e interpretar datos

6. **Comparar y contrastar** Compara tus resultados con los de otro grupo. Comenta por qué algunos objetos son buenos instrumentos para enviar un mensaje secreto.

Lección 3

Los usos del sonido

▶ VIDEO

Ve un video sobre las distintas maneras en que usamos el sonido para comunicarnos.

Vocabulario

comunicar

Puedo identificar cómo usan los sonidos las personas.

_____

1-PS4-4

¡En marcha!

Di algo con voz normal a un compañero. Haz un tubo o un cono con una hoja de papel. Di lo mismo de la misma manera usando el tubo. ¿Qué le hace el papel al sonido?

¿Qué dice ese sonido?

1-PS4-4, SEP.6

El código Morse usa sonidos para hacer palabras. Los puntos son sonidos cortos. Las rayas son sonidos largos. ¿Cómo puedes usar el código Morse para hacer palabras?

Materiales recomendados

- teclado
- campanas digitales
- palillos de batería
- código Morse

Procedimiento

☐ 1. Planea qué quieres decir usando el código Morse.

☐ 2. Escoge los mejores materiales para hacer sonidos largos y cortos.

☐ 3. Envía el mensaje.

Práctica de ciencias

Los científicos crean una explicación después de investigar.

Analizar e interpretar datos

4. **Explicar** ¿Qué objetos funcionaron mejor para hacer sonidos largos y cortos?

5. **Explicar** ¿Cómo fue enviar un mensaje usando el código Morse? ¿Cómo fue entender el mensaje?

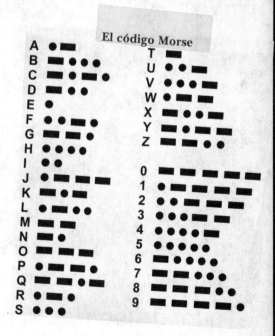

El código Morse

Usos del sonido

Usamos el sonido para comunicarnos.

Comunicar significa compartir información.

Al principio, las personas usaban tambores y campanas para enviar mensajes. El sonido viajaba muy lejos. También llevaba mucho tiempo. Los mensajes tenían que ser simples.

INTERACTIVITY

Compara cómo usaban el sonido los pueblos del pasado para comunicarse a grandes distancias.

Decir ¿Cómo usaste el sonido hoy para comunicarte?

Dibujar Marca con una X las torres adonde iban los tamborileros para enviar mensajes.

El teléfono se inventó después.
Los primeros teléfonos solo
podían hacer llamadas a
lugares cercanos. El sonido
no era muy bueno.

Encierra en un círculo los
teléfonos que hayas usado.

La Gran Muralla China

Comunicarse con sonido

Hoy en día, es fácil conectarse desde lejos. Seguimos usando teléfonos. También usamos satélites y computadoras. Hoy, muchas familias y amigos viven separados por grandes distancias. Las computadoras y los teléfonos son importantes para que las familias y los amigos puedan seguir conectados.

Lectura

▶ **Herramientas**

Sacar conclusiones

¿Cómo te comunicas con amigos y parientes que viven lejos? ¿Por qué es importante poder comunicar sonido a través de grandes distancias?

Misión Conexión

¿Cómo puedes enviar un mensaje usando música?

LABORATORIO PRÁCTICO

1-PS4-4, SEP.6

¿Cómo puede un instrumento *enviar un secreto*?

Usaste objetos para hacer distintos sonidos. Usaste sonidos para enviar mensajes. ¿Cómo puedes hacer un aparato o un instrumento para enviar un mensaje secreto?

Materiales Recomendados

- vaso de plástico
- plástico de envolver
- arena
- espátula de goma
- cuchara de madera
- batidor
- caja de metal
- envase de plástico
- molde de metal para hornear
- pegamento o cinta adhesiva
- palillos de manualidades
- clips

Diseñar

☐ 1. Escoge algunos objetos con los que trabajar.

☐ 2. Planea un aparato o un instrumento, piensa un mensaje y haz un código.

☐ 3. Practica usar el código y los objetos.

Evaluar el diseño

4. **Explicar** ¿Cómo sonará tu mensaje a la distancia?

_____

_____

_____

Práctica de ingeniería

Los ingenieros diseñan soluciones a problemas del mundo real.

tú, Ingeniero ‹ Mejorar › **STEM**

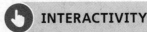

INTERACTIVITY

Conéctate en línea para aprender sobre otros tipos de alertas.

¡Alerta! ¡Alerta! 🔊

Los teléfonos inteligentes usan sonido. ¡Hay un sonido para todo! Cada sonido significa algo distinto. Los teléfonos suenan cuando alguien llama. Un repique puede ser un mensaje nuevo. Las alarmas pueden hacer pitidos.

Mejóralo

Oyes tres pitidos fuertes del teléfono. Eso te dice que se acerca el mal tiempo y que debes buscar refugio. ¿Y si tu teléfono no estuviera cerca?

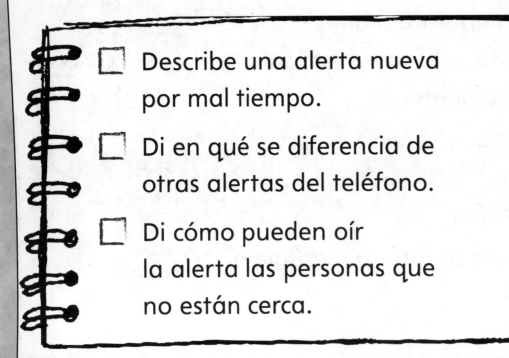

☐ Describe una alerta nueva por mal tiempo.

☐ Di en qué se diferencia de otras alertas del teléfono.

☐ Di cómo pueden oír la alerta las personas que no están cerca.

1. ¿Para qué tipo de estado del tiempo es la alerta?

_____

_____

_____

_____

2. ¿Cómo sonarán las alertas?

_____

_____

_____

_____

3. ¿Habrá más alertas?

_____

_____

_____

_____

INTERACTIVITY

Aplica lo que aprendiste en la Misión.

STEM Enviar mensajes sonoros

¿Cómo puedes usar el sonido para enviar un código secreto?

Piensa en lo que aprendiste en este tema. Usa un código sonoro secreto que hayas hecho o inventa uno nuevo. Envía tu código sonoro secreto a un compañero que esté lejos. Envía el mensaje a tu compañero.

Muestra lo que encontraste

Compara tu código sonoro secreto con el de otro compañero. Comenta en qué se parecen los códigos sonoros secretos. Explica en qué se diferencian.

MISIÓN CUMPLIDA ✓

Director de orquesta

Los directores saben mucho de la ciencia del sonido. Saben cómo hacen sonido las vibraciones. Saben cómo hacer que los instrumentos hagan tonos agudos y graves.

Los directores también trabajan con ingenieros de sonido. Los ingenieros de sonido se aseguran de que todos oigan la hermosa música que hacen el director y los músicos.

¿Por qué es importante que las orquestas tengan un líder?

_____

_____

_____

_____

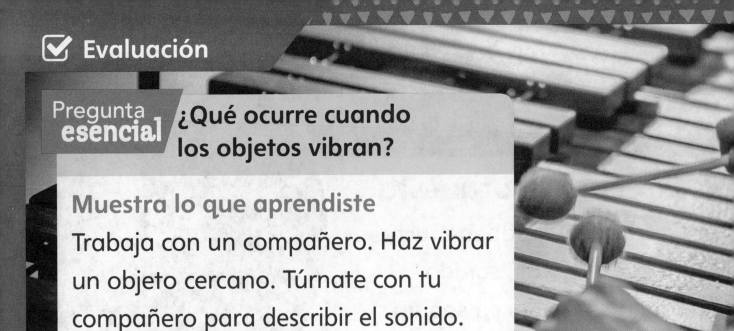

☑ Evaluación

Pregunta esencial ¿Qué ocurre cuando los objetos vibran?

Muestra lo que aprendiste

Trabaja con un compañero. Haz vibrar un objeto cercano. Túrnate con tu compañero para describir el sonido.

1. Di si cada enunciado sobre el sonido es verdadero o falso. Encierra en un círculo el que es falso.

   a. El sonido es energía que se oye.

   b. El sonido hace vibraciones.

   c. Cuando los objetos vibran, hacen sonido.

   d. Solo la música puede comunicar con sonido.

2. Toma el enunciado falso de la pregunta número 1. Vuelve a escribirlo de modo que sea verdadero.

   _____

   _____

   _____

   _____

3. Tienes un tambor y un banjo. ¿En qué se diferencia el sonido de cada uno?

_____
- -
_____
- -
_____

4. Conecta las palabras relacionadas.

Tono	Fuerte o suave
Volumen	Compartir información
Comunicarse	Agudo o grave

5. Encierra en un círculo las herramientas que puedes usar para comunicarte con sonido.

Lee y responde las preguntas 1 a 4.

Julio se estaba preparando para su concierto. ¡Tenía un solo! Iba a cantar una canción sin nadie más. Su maestro de música le mostró el escenario. La sala era muy grande. Julio temía que sus padres no lo oyeran. El maestro le dijo que no se preocupara. Iba a cantar con micrófono. El micrófono haría que su voz sonara más fuerte. Todos iban a oír su canción.

1. Encierra en un círculo las palabras que completan correctamente la oración.

el tono	el volumen	la percusión

El micrófono iba a cambiar

_____ de la voz de Julio.

2. Encierra en un círculo las palabras que completan correctamente la oración.

| el tono | el volumen | la percusión |

Julio cantó parte de su canción con un sonido grave. _____ qué tan grave o agudo es un sonido.

3. Los compañeros de Julio tocaron los tambores y los platillos durante su canción. ¿Qué tipo de instrumentos son los tambores y los platillos?

a. instrumentos de viento

b. instrumentos de cuerda

c. instrumentos de percusión

d. instrumentos de metal

4. Julio quería compartir su concierto con su tía. Ella vive en otro país. ¿Qué aparatos podría usar Julio para comunicarse con su tía?

_____

_____

_____

_____

¿Qué instrumento puedes usar para hacer sonido?

Los músicos hacen sonidos con instrumentos de cuerda, instrumentos de percusión e instrumentos de viento. Los músicos jalan, golpean y soplan esos instrumentos para hacer sonidos. ¿Qué instrumento puedes crear para hacer sonido?

Materiales recomendados

- sedal
- cajas redondas de avena
- tazones de plástico
- popotes
- tubos de cartón
- cajas de zapatos
- plástico de envolver transparente
- cinta adhesiva
- espátulas de madera
- espátulas de plástico
- cucharas

Práctica de ingeniería

Los científicos hacen un plan antes de investigar.

¡Diséñalo y constrúyelo!

☐ **1.** Haz un plan para diseñar un instrumento de cuerda, un instrumento de percusión o un instrumento de viento.

☐ **2.** Decide qué materiales vas a usar para diseñar tu instrumento.

3. Muestra el plan a tu maestro.

4. Dibuja tu instrumento.

5. Construye tu instrumento.

6. Toca una canción con tu instrumento.

Evaluar el diseño

7. Explícale a un compañero cómo funciona tu instrumento.

8. Explicar ¿Cómo puedes mejorar tu instrumento?

La luz

Lección 1 Observar la luz

Lección 2 La luz y la materia

Lección 3 Los usos de la luz

Estándares de Ciencias para la Próxima Generación

1-PS4-2 Hacer observaciones para crear un informe basado en la evidencia que demuestre que los objetos en la oscuridad solo pueden ser vistos cuando están iluminados.

1-PS4-3 Planear y realizar investigaciones para determinar el efecto de colocar objetos hechos con diferentes materiales en el camino de un haz de luz.

1-PS4-4 Usar herramientas y materiales para diseñar y construir un aparato que use luz o sonido para resolver el problema de la comunicación a distancia.

K-2-ETS1-1 Hacer preguntas y observaciones y reunir información acerca de una situación que las personas quieran cambiar, con el fin de definir un problema sencillo que se pueda resolver por medio del desarrollo de un objeto o una herramienta nueva o mejorada.

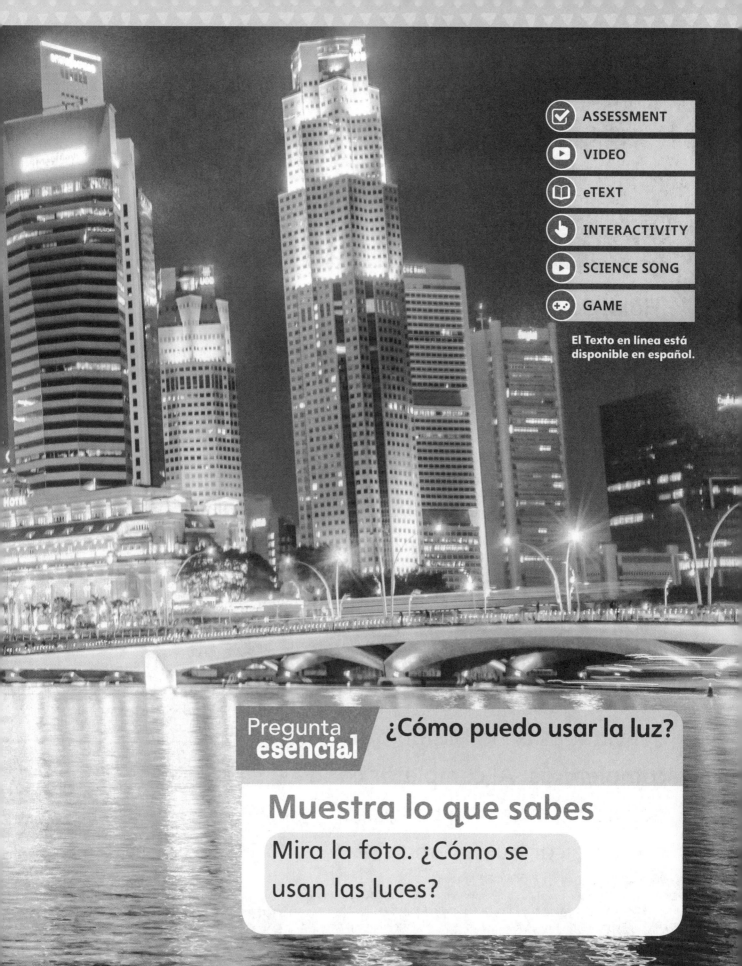

ASSESSMENT

VIDEO

eTEXT

INTERACTIVITY

SCIENCE SONG

GAME

El Texto en línea está
disponible en español.

Pregunta esencial ¿Cómo puedo usar la luz?

Muestra lo que sabes

Mira la foto. ¿Cómo se
usan las luces?

Misión Arranque

Ayuda a enviar un mensaje

¿Cómo puedes usar la luz para enviar un mensaje?

¡Hola! Soy el señor Green. Soy diseñador de juegos. Diseño y pruebo cómo se ven y cómo funcionan los juegos.

Necesito tu ayuda para enviar mensajes usando luz en un juego de láser. Los jugadores usarán luz para decirle al equipo cuándo parar y cuándo seguir. También podrán indicar cuándo el otro equipo está cerca. Vas a hacer una guía de códigos secretos. En el camino están las actividades de la Misión que completarás. Al completar cada actividad, marca tu progreso para indicar que es una MISIÓN CUMPLIDA ✓.

Misión Control 1

Lección 1

Piensa en una fuente de luz que pueda usarse para enviar un mensaje.

Estándares de Ciencias para la Próxima Generación

1-PS4-3 Planear y realizar investigaciones para determinar el efecto de colocar objetos hechos con diferentes materiales en el camino de un haz de luz.

1-PS4-4 Usar herramientas y materiales para diseñar y construir un aparato que use luz o sonido para resolver el problema de la comunicación a distancia.

K-2-ETS1-1 Hacer preguntas y observaciones y reunir información acerca de una situación que las personas quieran cambiar, con el fin de definir un problema sencillo que se pueda resolver por medio del desarrollo de un objeto o una herramienta nueva o mejorada.

VIDEO

Ve un video sobre un diseñador de juegos.

Misión Control 2

Lección 2 ●

Descubre cómo pueden ayudarte los espejos y el papel a enviar un mensaje con luz.

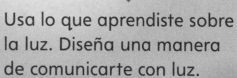

Misión Control: Lab 3

Lección 3 ◆

Usa lo que aprendiste sobre la luz. Diseña una manera de comunicarte con luz.

Misión Hallazgos

¡Completa la Misión! Dibuja y escribe una guía de códigos. Describe cómo intercambias tus mensajes.

¿Qué necesitas para **ver** objetos?

1-PS4-2, SEP.6

Los médicos de los ojos usan pruebas para averiguar si una persona ve bien. ¿Cómo puedes averiguar qué les permite ver a las personas?

Materiales

- caja con tapa y un agujero de un lado
- crayón
- juguete pequeño
- calcomanía que brille en la oscuridad
- roca

Procedimiento

☐ **1.** Mira objetos a través del agujero de la caja con la tapa puesta.

☐ **2.** ¿Cómo puedes ver mejor los objetos? Prueba tu idea. Anota tus observaciones.

Práctica de ciencias

Tú usas evidencia para apoyar tus ideas.

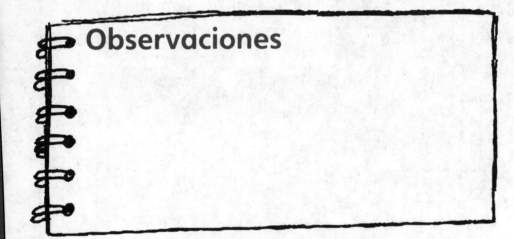

Observaciones

Analizar e interpretar datos

3. Usar evidencia Di por qué viste algunos objetos y no viste los otros.

Causa y efecto

 GAME

Practica lo que aprendiste con los Mini Games.

Un diseñador de juegos puede hacer un videojuego. Se pueden usar luces en el juego. Lee sobre cómo se puede usar la luz.

Una causa hace que pase algo.

Un efecto es el resultado.

Gana el juego

Juegas un videojuego. Intentas obtener un puntaje alto. Cuando ganas puntos, una luz roja parpadea. ¡El puntaje alto te hace ganar!

☑ **Revisar la lectura** Causa y efecto

¿Qué pasa cuando ganas puntos en este videojuego? Subraya la causa. Encierra en un círculo el efecto.

Observar la luz

▶ VIDEO

Ve un video sobre cómo observar la luz.

Vocabulario

luz

sombra

Puedo observar que se necesita luz para ver los objetos.

Puedo identificar objetos que emiten luz.

1-PS4-2, 1-PS4-3

¡En marcha!

Pon un pedazo de papel sobre tu escritorio. Estira la mano frente a ti, por encima del papel. ¿Qué ves bajo tu mano, sobre el papel?

LABORATORIO PRÁCTICO

1-PS4-3, SEP.3

¿Qué pasa cuando un objeto tapa la luz?

Materiales

- linterna
- juguete
- cartulina gruesa blanca

Los astrónomos observan cuándo los objetos del espacio tapan la luz. ¿Qué pasa cuando un objeto se pone frente a la luz?

Procedimiento

Práctica de ciencias

Tú investigas para responder a una pregunta científica.

☐ **1.** Usa todos los materiales para **investigar** lo que pasa cuando un objeto tapa la luz.

☐ **2.** Planea una prueba. Incluye cómo se ven los objetos cuando la luz los ilumina desde cerca y desde lejos. Muéstrale la prueba a tu maestro. Dibuja tus observaciones.

Observaciones

Analizar e interpretar datos

3. Di qué pasa cuando la luz está cerca y cuando la luz está lejos.

INTERACTIVITY

Completa una actividad para mostrar cómo la luz te permite ver cosas.

Luz y oscuridad

La **luz** es lo que te permite ver cosas.

La luz te permite ver a las personas.

La luz de una fogata te permite ver el campamento.

Sin luz, no se ve. La oscuridad es cuando no hay luz. Para ver los objetos en una habitación oscura, enciendes una luz. Los carros usan luces para que los conductores vean el camino.

Identificar Mira la foto. Encierra en un círculo objetos que pueden verse fácilmente. Dibuja flechas que señalen objetos difíciles de ver.

De dónde viene la luz

Algunos objetos emiten su propia luz.
El Sol emite luz. Las lámparas emiten luz.
Puedes ver objetos que no emiten luz
cuando la luz los ilumina.

☑ **Revisar la lectura** Causa y efecto
Subraya el efecto de que la luz ilumine
un objeto.

Misión Conexión

¿Qué emite luz, además del
Sol y las lámparas?

fogata

Las sombras

La luz viaja en línea recta. Algunos objetos pueden tapar la luz. Una **sombra** es una forma oscura. Se hace cuando se tapa la luz. Las sombras tienen la misma forma de lo que está tapando la luz, pero pueden tener un tamaño distinto.

Matemáticas
▶ Herramientas

Usar herramientas Usa una regla para medir la longitud de la sombra de los camellos de la foto. ¿Cuánto miden en centímetros (cm)? Encierra en un círculo la sombra más larga.

Identificar Comenta cómo se hacen las sombras.

sombras

Emitir luz

Quieres usar luz para enviar un mensaje a tu equipo. ¿Qué objetos emiten luz? ¿Cómo puedes usar esos objetos para enviar un mensaje? ¿Cómo verán la luz los demás?

Identificar Marca con una X la luz que usarías para enviar tu mensaje.

Explicar ¿Cómo podrías enviar una señal con el objeto que escogiste?

_____

_____

_____

_____

Comparar Di por qué ese objeto es mejor que otro para enviar un mensaje.

La luz y la materia

▶ VIDEO

Ve un video sobre la luz
y la materia.

Vocabulario

materia

opaco

transparente

traslúcido

reflejar

Puedo describir cómo interactúa
la luz con distintos materiales.

_____

1-PS4-3

¡En marcha!

Coloca tu mano sobre tus ojos
abiertos y mira una luz. Di lo que
ves. Sostén un pedazo de papel
blanco sobre tus ojos y mira la luz.
Di lo que ves.

túInvestigas Lab

¿Cómo afectan la luz los (materiales?)

Los ingenieros de iluminación se ocupan de iluminar los escenarios. ¿Qué pasa cuando la luz da sobre distintos materiales?

Procedimiento

☐ 1. **Planea una investigación** para responder la pregunta del título. Muéstrasela a tu maestro.

☐ 2. Prueba cada material. Anota lo que ves.

Materiales

- linterna
- plástico transparente
- papel parafinado
- cartón

Práctica de ciencias

Tú planeas una investigación para responder una pregunta científica.

Materiales	Observaciones
cartón	
plástico	
papel parafinado	

Analizar e interpretar datos

3. **Inferir** Di qué material usarías para tapar una ventana y oscurecer una habitación. Explica por qué.

Tapar la luz

Todo lo que ocupa espacio es **materia**. Los árboles están hechos de materia. Las ventanas están hechas de materia. Tú estás hecho de materia.

La materia que tapa toda la luz es **opaca**. A través de algo opaco, no se ve. Los árboles tapan toda la luz. Tú tapas toda la luz. La materia opaca hace sombras.

Hacer una lista Nombra objetos del salón de clases que sean opacos.

Dejar pasar la luz

La materia que deja pasar casi toda la luz es **transparente**. El aire deja pasar la luz. El agua deja pasar la luz. El vidrio transparente puede dejar pasar la luz.

La materia **traslúcida** tapa parte de la luz. La pantalla de una lámpara tapa parte de la luz. El vidrio de color puede tapar parte de la luz.

Identificar Mira el área de juegos. Encierra en un círculo un objeto opaco. Dibuja una X sobre un objeto transparente. Encierra en un recuadro un objeto traslúcido.

INTERACTIVITY

Completa una actividad para elegir materiales que tapen la luz o dejen pasar la luz.

Luz que rebota

La luz puede rebotar en la materia. La materia **refleja** la luz cuando la luz rebota en ella.

Los objetos lisos y brillantes reflejan la luz. Los espejos reflejan la luz. El papel de aluminio refleja la luz.

La luz viaja en línea recta. Viaja en línea recta hasta el espejo. Da sobre el espejo. Cambia de dirección. Luego viaja en otra línea recta desde el espejo. La luz cambia de dirección cuando se refleja.

☑ **Revisar la lectura** Causa y efecto

¿Qué le pasa a la luz cuando se refleja?

_____

_____

Materiales que reflejan

Los materiales que reflejan la luz pueden ser opacos. También pueden ser transparentes o traslúcidos.

A veces, el agua refleja mucha luz. A veces, también el metal y el vidrio reflejan mucha luz.

La luz brilla sobre el lago. La luz rebota en el lago. El agua refleja la luz. Ves los árboles y el cielo en el lago.

Causa y efecto
Lee acerca del lago. ¿Qué hace que veas los árboles y el cielo en el lago? Subraya la causa.

Misión Conexión

¿Cómo puedes usar materiales que reflejan la luz para enviar un mensaje?

Materiales para una señal luminosa

¿Cómo puedes usar distintos materiales para hacer una señal con luz? ¿Cómo puedes hacer que sea secreta?

Vas a usar luz para enviar mensajes en tu juego de láser. También vas a usar distintos materiales.

Describir ¿Cómo puedes usar espejos, vidrios de color y luz para enviar un mensaje?

_____

_____

_____

RESUÉLVELO con Ciencia

¿Cómo puedes ver lo que hay detrás de ti?

Imagina que eres espía. Estás mirando una película. Estás en la primera fila.

Una mujer va a traerte una nota secreta. ¿Cómo puedes saber cuándo llega? Te atraparán si te volteas.

Aplicar conceptos ¿Qué objeto puedes usar para ver la parte de atrás del cine? Comenta cómo podrías usar ese objeto.

_____

_____

_____

_____

 **tú, Ingeniero** Definir STEM

 **INTERACTIVITY**

Conéctate en línea para aprender sobre cómo se diseña un barco con distintos materiales.

Un parabrisas seguro

Los carros deben diseñarse tomando en cuenta la seguridad. Los cinturones de seguridad mantienen a las personas en su lugar. Las bolsas de aire protegen a las personas en caso de choque.

Los ingenieros de seguridad para carros diseñan elementos de seguridad. Luego, los prueban.

parabrisas sucio

Defínelo

Eres ingeniero de seguridad para carros. Te piden que pruebes la seguridad de los parabrisas.

☐ Haz preguntas sobre la seguridad de los parabrisas.

_____

- - - - - - - - - - - - - - - - - - -

_____

☐ Explica algunos problemas de los parabrisas sucios.

_____

- - - - - - - - - - - - - - - - - - -

_____

☐ Define un problema de seguridad de los parabrisas que intentarás solucionar.

_____

- - - - - - - - - - - - - - - - - - -

_____

☐ Describe una solución posible para el problema.

_____

- - - - - - - - - - - - - - - - - - -

_____

Los usos de la luz

VIDEO

Ve un video sobre usos de la luz.

Vocabulario

comunicarse

Puedo explicar cómo usan la luz las personas.

Puedo identificar cómo usan la luz las personas para comunicarse con otras que están lejos.

1-PS4-3, 1-PS4-4, K-2-ETS1-1

¡En marcha!

¿Por qué están encendidos los faros del carro? ¿Qué pasaría si el carro no tuviera faros?

túInvestigas Lab

LABORATORIO
PRÁCTICO

1-PS4-3, 1-PS4-4, SEP.6

¿Cómo puedes usar la luz para ver?

Los dentistas usan espejos para ver los dientes de la parte de atrás de la boca. ¿Cómo puedes usar un espejo para ver lo que hay a la vuelta de una esquina?

Materiales

- 2 espejos
- juguete pequeño
- cartón

Práctica de ciencias

Tú usas evidencia para explicar por qué pasa algo.

Procedimiento

☐ 1. Usa el cartón para construir un laberinto de dos vueltas. Coloca el juguete al final del laberinto.

☐ 2. Planea una manera de ver el juguete desde el comienzo del laberinto. Muestra el plan a tu maestro.

Analizar e interpretar datos

3. **Usa evidencia** de tu investigación. ¿Cómo usaste la luz?

_____

_____

_____

Luz y ambiente

En teatro, se usa luz para crear ambiente. El ambiente te hace sentir de determinada manera. En el teatro, se usan luces amarillo claro. Eso puede alegrarte. En el teatro, se usan luces morado oscuro. Eso puede asustarte.

¿Cuándo se usa luz brillante? La luz brillante es buena para leer. La luz brillante es buena para escribir.

> **Analizar** Subraya evidencia que diga por qué en las bibliotecas se usan luces brillantes.

Comunicarse con luz

👆 **INTERACTIVITY**

Completa una actividad sobre los usos de la luz.

Puedes usar luces para comunicarte con los demás. **Comunicarse** es intercambiar un mensaje. Las luces te dicen qué hacer. Una señal luminosa puede decirte adónde ir. Una señal luminosa puede decirte cuándo una tienda está abierta.

Las luces te protegen. Las luces te ayudan a no tropezar. Las luces te advierten del peligro.

Inferir ¿Qué mensaje envían las luces de una ambulancia? Describe el mensaje.

_____

- -

_____

Usos de la luz

La luz te permite ver.

Las luces crean un ambiente.

Las luces te protegen.

Las luces te dan indicaciones.

Comprensión visual

Busca las luces que envían un mensaje. Encierra en un círculo las fotos de luces que dan un mensaje.

SAN CLEMENTE

Misión Conexión

Comenta todas las maneras en que puedes usar la luz en un juego de láser.

¿Cómo puedes enviar mensajes secretos?

Materiales
- linterna

Materiales recomendados
- filtros de colores
- espejos
- caja de cartón

Los diseñadores de juegos usan luz para comunicar. Vas a hacer códigos secretos para enviar mensajes. Un mensaje advierte cuando alguien del otro equipo está cerca. Otro mensaje dice que hay que parar. Un tercer mensaje dice que hay que seguir. ¿Cómo puedes usar la luz para enviar mensajes?

Práctica de ingeniería

Tú diseñas una solución para comunicar un mensaje.

Diseñar y probar

☐ 1. **Diseña una solución** para comunicar mensajes con luz. Escoge qué materiales vas a usar. Escribe o dibuja tus códigos. Muestra los códigos a tu maestro.

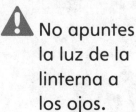

⚠ No apuntes la luz de la linterna a los ojos.

☐ **2.** Prueba los códigos que escogiste.
Ve si otro grupo puede descubrirlos.

☐ **3.** Si es necesario, haz cambios
en los códigos.

☐ **4.** Vuelve a probar los códigos.

Evaluar el diseño

5. Evaluar ¿Qué códigos
funcionaron bien? ¿De qué otro modo
puedes mantener tus códigos en secreto?

_____

_____

_____

_____

6. Identificar Usa lo que aprendiste sobre
la luz. Describe una manera nueva de
comunicarte con luz.

_____

_____

_____

_____

STEM

Ayuda a enviar un mensaje

¿Cómo puedes usar la luz para enviar un mensaje?

Muestra lo que encontraste

Comparte tu plan para enviar mensajes en un juego de haces de láser. Dibuja y escribe una guía. ¿Cómo le dices a tu equipo que siga? ¿Cómo le dices a tu equipo que pare? ¿Cómo le avisas cuando hay alguien cerca? Describe cómo hacer que los mensajes sean secretos.

MISIÓN CUMPLIDA

75% ⊠
40%

Diseñador de juegos

Los diseñadores de juegos planean, construyen y prueban juegos. Resuelven problemas para que los juegos funcionen. Pueden diseñar juegos de mesa. Pueden diseñar videojuegos.

Los diseñadores de videojuegos usan luces. Usan luces como recompensa. Usan luz para indicar un camino. También usan luces para mostrar cuánto tiempo queda.

¿Cómo usarías luces en un videojuego?

_____

_____

_____

_____

SHIP NAME ⊠

GENERATE RANDOM   START GAME

NEW GAME
LOAD GAME
OPTIONS
EXIT GAME

N
LO
SA
D
E

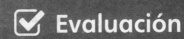

Pregunta esencial ¿Cómo puedo usar la luz?

Muestra lo que aprendiste
Dile a un compañero cómo
usas la luz.

1. ¿Qué necesitas para ver todos los objetos?

   a. espejos

   b. luz

   c. materia

   d. sombra

2. ¿Por qué hay sombras?

   _____

   _____

   _____

   _____

   _____

3. Mira las imágenes. Encierra en un círculo el objeto transparente. Marca con una ✔ el objeto traslúcido. Marca con una X el objeto opaco.

  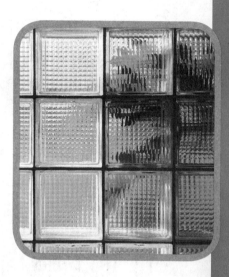

4. Da tres ejemplos de luces que envían mensajes.

_____

_____

_____

_____

_____

_____

Lee y responde las preguntas 1 a 4.

Krystal está de campamento en el bosque. Durante el almuerzo, no termina su sándwich. Quiere guardarlo para más tarde. Lo envuelve en papel de aluminio. Pone el sándwich en una caja.

Cuando anochece, Krystal quiere terminar su sándwich. Hay tres cajas. Usa su linterna para buscar en una caja. El sándwich no está ahí. Ilumina la siguiente caja con la linterna. La luz rebota. Encontró el sándwich.

1. ¿Por qué Krystal usó una linterna para buscar su sándwich?

   a. para que la luz pasara a través de la caja

   b. para hacer sombra

   c. para ver el sándwich

   d. para que el sándwich fuera transparente

2. ¿Por qué la luz se reflejó en el papel de aluminio?

    a. El papel de aluminio es traslúcido

    b. El papel de aluminio emite luz.

    c. El papel de aluminio es transparente.

    d. El papel de aluminio es liso y brillante.

3. Encierra en un círculo la palabra que completa correctamente la oración.

Krystal tuvo que abrir la tapa de la caja para ver lo que había dentro porque
la caja es _____.

opaca	transparente	traslúcida	reflectante

4. ¿Krystal habría necesitado usar la linterna para buscar su sándwich durante el día? ¿Por qué?

_____

_____

_____

_____

_____

_____

¿Cómo puedo cambiar un material transparente?

Los ingenieros de iluminación prueban cómo pasa la luz a través de los materiales. ¿Cómo puedes cambiar un material transparente para que deje pasar menos luz?

Materiales
- linterna
- 1/2 vaso de agua en un vaso de plástico transparente
- 1 vaso de leche

Procedimiento

☐ **1.** Usa todos los materiales. Haz un plan para cambiar un material de transparente a traslúcido u opaco.

☐ **2.** Muestra el plan a tu maestro. Sigue el plan. Anota tus observaciones.

Práctica de ciencias

Tú usas evidencia para apoyar tus ideas.

Observaciones

Materiales	¿Pasó la luz? Sí, no o en parte	Opaco, transparente o traslúcido

Analizar e interpretar datos

3. **Usar evidencia** Di cómo identificaste cuándo un material transparente se volvió traslúcido u opaco.

4. **Identificar** Di cómo puedes hacer que otro objeto cambie de transparente a traslúcido u opaco.

El cielo y la Tierra

Lección 1 Observar el cielo

Lección 2 Los patrones en el cielo

Lección 3 Cambios en los días y las estaciones

Estándares de Ciencias para la Próxima Generación
1-ESS1-1 Usar observaciones del Sol, la Luna y las estrellas para describir patrones que se puedan predecir.
1-ESS1-2 Hacer observaciones en diferentes momentos del año para relacionar la cantidad de horas de luz solar con la época del año.
K-2-ETS1-1 Hacer preguntas y observaciones y reunir información acerca de una situación que las personas quieran cambiar, con el fin de definir un problema sencillo que se pueda resolver por medio del desarrollo de un objeto o una herramienta nueva o mejorada.
K-2-ETS1-2 Desarrollar un bosquejo, dibujo o modelo físico sencillo para ilustrar cómo la forma de un objeto ayuda a que funcione de la manera adecuada para resolver un problema determinado.

ASSESSMENT

 VIDEO

 eTEXT

 INTERACTIVITY

 SCIENCE SONG

 GAME

El Texto en línea está disponible en español.

Pregunta esencial ¿Qué objetos hay en el cielo y cómo se mueven?

Muestra lo que sabes

¿Qué ven las personas en el cielo cuando miran por un telescopio? ¿Cómo cambia un telescopio el modo en que se ven los objetos en el cielo? Dile a un compañero.

Observadores del cielo

¿Qué patrones puedes observar en el cielo?

¡Hola! Soy la señorita Collins. Soy una científica del espacio. Oí a unos estudiantes hablar sobre el cielo. Un estudiante dijo: "Vi una luna redonda. ¡Había demasiadas estrellas para contarlas todas!". Otro estudiante dijo: "Vi una luna que parecía una sonrisa. ¡Había pocas estrellas!". Un tercer estudiante dijo: "¡Hay noches en las que no puedo ver la luna!".

¡Todos tenían razón! ¿Cómo puede ser? Ayúdame a explicar los patrones del cielo a los estudiantes. En el camino están las actividades de la Misión que completarás a lo largo de este tema. Al completar cada actividad, marca tu progreso para indicar que es una

 .

Estándares de Ciencias para la Próxima Generación

1-ESS1-1 Usar observaciones del Sol, la Luna y las estrellas para describir patrones que se puedan predecir.

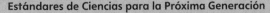

Misión Control: Lab 3

Lección 3 ◆

Haz un modelo de cómo
se mueve la Tierra.

Misión Control 2

Lección 2 ○

Di qué imagen muestra lo
que ves por un telescopio.

Misión Control 1

Lección 1 ■

Di qué aspecto tienen
las estrellas en el cielo.

Misión Hallazgos

¡Termina la Misión! Muestra
de una manera divertida
los patrones en el cielo.

¿Hacia dónde apuntará?

Los científicos del espacio estudian las fuerzas.
¿Cómo puedes estudiar una de estas fuerzas?

Materiales
- clip
- cordel
- lápiz
- mesa

Procedimiento

☐ **1.** Busca una manera de usar los materiales para que el clip cuelgue hacia abajo.

☐ **2.** Trata de que el clip cuelgue hacia un lado. Predice lo que piensas que pasará.

Práctica de ciencias

Tú **haces preguntas** para descubrir más acerca de los fenómenos.

Analizar e interpretar datos

3. ¿Lo que viste apoyó tu predicción? ¿Por qué?

4. ¿Qué podría pasar si mueves el clip fuera de la mesa sin nada que lo sostenga?

Pistas visuales

 GAME

Practica lo que aprendiste con los Mini Games.

Los científicos del espacio estudian fotos del espacio para hallar patrones. ¿Qué puedes aprender al estudiar una imagen?

Las imágenes son como pistas. Pueden ayudarte a entender lo que lees. Pueden ayudarte a saber más sobre el texto. Lee el siguiente texto, luego mira la imagen.

Ver la Tierra

Mira por la ventana. ¿Puedes ver toda la Tierra? No podemos ver toda la Tierra desde un solo lugar. Pero hay naves espaciales que pueden tomar fotos desde el espacio. Las fotos nos ayudan a ver toda la Tierra.

☑ Revisar la lectura **Pistas visuales** Di lo que muestra la foto. Di una cosa que aprendiste con esta foto.

VIDEO

Ve un video sobre las estrellas.

Lección 1

Observar el cielo

Vocabulario

estrella

Sol

gravedad

Puedo describir el Sol, la Luna y las estrellas.

_____

1-ESS1-1

¡En marcha!

¿Qué ves en el cielo de día? Dibújalo en una hoja de papel. Luego dibuja lo que ves en el cielo de noche. Di en qué se parecen y en qué se diferencian los dibujos.

LABORATORIO PRÁCTICO

1-ESS1-1, SEP.2, SEP.3, SEP.4

¿Por qué es difícil ver las estrellas de día?

En una noche despejada, puedes ver muchas estrellas en el cielo. ¿Por qué solo podemos ver el Sol de día?

Procedimiento

☐ **1.** Haz un plan para **hacer un modelo** de una estrella en el cielo de noche y de día. Usa la linterna.

☐ **2.** Muestra tu plan a tu maestro antes de empezar.

☐ **3.** Anota tus observaciones.

Materiales

- linterna

Práctica de ciencias

Tú usas **modelos** para mostrar cómo es algo.

noche	**día**

Analizar e interpretar datos

4. **Explicar** ¿Por qué puedes ver el Sol pero ninguna otra estrella de día?

_____

_____

_____

Estrellita dónde estás

Una **estrella** es una bola grande
de gas caliente. Las estrellas se ven
pequeñas porque están lejos
de nosotros.

Las estrellas se ven de noche.
La mayoría de las estrellas
no pueden verse de día.

¿Alguna vez trataste de contar
todas las estrellas en el cielo?
¡Hay demasiadas para contarlas todas!

Sacar conclusiones Mira el cielo en la noche. Comenta
con un compañero si es fácil contar las estrellas.
Comenta cómo están distribuidas las estrellas en el cielo.

Lectura
▶ **Herramientas**

Pistas visuales
¿Es de día o es de noche
en la foto pequeña?
Di cómo lo sabes.

El Sol, nuestra estrella

INTERACTIVITY

Conéctate en línea para aprender sobre los objetos que ves en el cielo.

De día puedes ver una sola estrella. El Sol es una estrella.

El **Sol** es la estrella que está más cerca de la Tierra. Por eso se ve más grande y brillante que las demás estrellas. No podemos vivir sin el calor y la luz del Sol.

El Sol también puede dañar a los seres vivos. Puede quemarte la piel.

Identificar Subraya una manera en la que el Sol es útil. Encierra en un círculo una manera en la que el Sol es nocivo.

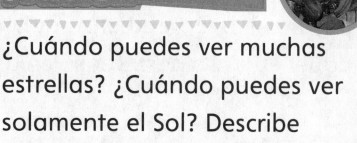

Misión Conexión

¿Cuándo puedes ver muchas estrellas? ¿Cuándo puedes ver solamente el Sol? Describe el patrón a un compañero.

La gravedad y la Luna

La **gravedad** es una fuerza, como un jalón. Jala objetos entre sí. La gravedad jala los objetos al centro de la Tierra. Hace que una pelota caiga al suelo. Evita que te vayas volando al espacio.

La Luna es el objeto grande del espacio más cercano a la Tierra. La gravedad mantiene a la Luna cerca de la Tierra.

Explicar Dibuja una flecha para mostrar cómo afectará la gravedad de la Tierra a estos aviones de papel. Comenta con un compañero por qué pasará esto. Prueba unos aviones de papel en clase para ver si tenías razón.

Misión Control

Las estrellas en el cielo

Mira las imágenes.

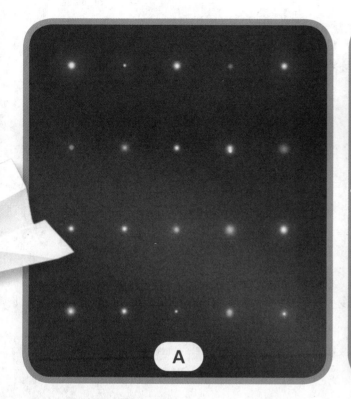

A

B

1. Encierra en un círculo la imagen que muestra cómo se ven las estrellas en el cielo.

2. ¿Por qué escogiste esta imagen?

_____

- -

_____

- -

_____

Los patrones en el cielo

▶ VIDEO

Ve un video sobre la rotación de la Tierra.

Vocabulario

rotación

salida del sol

puesta del sol

fase de la Luna

Puedo decir qué causa el día, la noche y las fases de la Luna.

1-ESS1-1, 1-ESS1-2, K-2-ETS1-2

¡En marcha!

¿Cuántas formas de la Luna has visto? Dibuja las formas en una hoja de papel. Recorta las formas. Pon las formas sobre un cartel de un cielo en la noche.

LABORATORIO PRÁCTICO

1-ESS1-1, SEP.3, SEP.8

¿Cómo puedes observar los patrones del Sol?

Los científicos del espacio estudian el Sol durante el día. ¿Qué patrones puedes ver en el cielo de día?

Procedimiento

☐ **1.** Haz un plan para **observar** los patrones del Sol durante el día.

☐ **2.** Muestra tu plan a tu maestro.

☐ **3.** Haz tus observaciones. Dibújalas.

Práctica de ciencias

Tú planeas y llevas a cabo investigaciones para explicar fenómenos.

⚠ **Nunca** mires el Sol directamente.

Analizar e interpretar datos

4. Explicar ¿Qué patrón parece seguir el Sol al moverse durante el día?

_____

_____

La Tierra gira

La Tierra gira en el espacio.
Hace un giro cada 24 horas.
Este movimiento se llama **rotación**.

La rotación causa el día y la noche.
Cuando la Tierra gira, una mitad
queda de cara al Sol. Allí es de día.

La otra mitad de la Tierra no mira
al Sol. Allí es de noche.

Identificar Marca una **X** pequeña
en la imagen de la Tierra. Di si es
de día o de noche en ese lugar.

salida del sol

Salida del sol, puesta del sol

La **salida del sol** ocurre cuando el Sol parece elevarse en la mañana. Después el Sol parece moverse por el cielo. Está en lo alto del cielo alrededor del mediodía.

puesta del sol

La **puesta del sol** ocurre cuando el Sol parece bajar al atardecer. El Sol no se mueve. La rotación de la Tierra hace que parezca que el Sol se mueve. También hace que parezca que la Luna sube y baja.

Explicar ¿Qué hace que parezca que el Sol se mueve? Completa el recuadro.

Causa		Efecto
	▶	Parece que el Sol se mueve.

Los movimientos y las fases de la Luna

La Luna sigue un recorrido alrededor de la Tierra. A la Luna le lleva un poco menos de un mes dar una vuelta a la Tierra. La Luna gira al igual que la Tierra.

El Sol brilla sobre la Luna. Eso hace que la Luna brille de noche.

La Luna parece cambiar de forma. Al moverse la Luna alrededor de la Tierra, cambia la cantidad de sol que brilla sobre ella. Las distintas formas de la Luna se llaman **fases de la Luna**.

Mirar de cerca

¿Te gustaría ver la Luna y las estrellas de cerca? Un telescopio es una herramienta que hace que las cosas parezcan más grandes.

INTERACTIVITY

Conéctate en línea para explorar los patrones del cielo en la noche.

Puedes usar un telescopio para ver el cielo. La Luna parece más grande. Puedes ver más estrellas en el cielo.

Nunca mires el Sol con esta herramienta. Podrías lastimarte los ojos.

☑ Revisar la lectura Pistas visuales

¿Cómo se usa un telescopio? Busca pistas en la foto.

Misión Conexión

¿Qué pueden aprender los científicos del espacio al usar telescopios para ver el cielo? Dile a un compañero.

Los patrones de la Luna

Mira las fotos de la luna llena.

Piensa en las fases de la Luna. ¿Qué te dicen sobre cómo se mueve la Luna alrededor de la Tierra?

Marca una **X** pequeña en la imagen de la luna llena que verías por un telescopio. ¿Qué detalles puedes ver en esta luna llena que no puedes ver en la otra? ¿Por qué?

_____

_____

Usar un calendario

La Luna pasa por fases. La Luna tarda 29 días en pasar por todas sus fases. Se puede predecir la luna llena siguiente.

Dom	Lun	Mar	Mié	Jue	Vie	Sáb
				1	2	3
4	5	6	7	8	9	10
11	12	13	14	15	16	17
18	19	20	21	22	23	24
25	26	27	28	29	30	31

Halla la luna llena. ¿En qué fecha está la luna llena? Predice la fecha de la siguiente luna llena.

Dibuja la siguiente luna llena en el calendario.

Lección 3

Cambios en los días y las estaciones

 VIDEO

Ve el video para aprender acerca de los patrones del Sol en las distintas estaciones.

INTERACTIVITY

Conéctate en línea para aprender sobre las estaciones.

Vocabulario

estación

Puedo explicar por qué los días tienen distintas duraciones en cada estación.

1-ESS1-2

¡En marcha!

Representa algo que te gusta hacer en tu estación preferida. Pide a un compañero que adivine tu estación preferida.

¿Cómo causa el Sol las estaciones?

En muchos lugares, las estaciones cambian.
¿Cómo puedes hacer un modelo de las estaciones?

Materiales
- globo
- marcador
- fuente de luz

Procedimiento

☐ 1. Usa los materiales para **hacer un modelo** de cómo llega la luz solar a la Tierra. Haz un plan para reunir datos en tres puntos de tu modelo de la Tierra.

Práctica de ciencias

Tú usas modelos para mostrar cómo es algo.

☐ 2. Muestra tu plan a tu maestro.

☐ 3. Piensa en una manera de cambiar cómo llega la luz a tu modelo de la Tierra a medida que se mueve alrededor del modelo del Sol. Anota tus observaciones.

Analizar e interpretar datos

4. **Explicar** ¿Qué pasó con la luz en tu modelo de la Tierra? Dile a un compañero.

Las estaciones

La Tierra se mueve alrededor del Sol. La Tierra le da una vuelta al Sol en 365 días.

Al moverse la Tierra, la luz solar llega a distintas partes de la Tierra de distinta forma. Este patrón se puede predecir. Esto causa las estaciones. Las **estaciones** son la primavera, el verano, el otoño y el invierno.

En verano, la parte de la Tierra donde vives recibe mucha luz solar. Hay muchas horas de luz. En verano hace calor.

Comprensión visual

¿En qué estación estás ahora? Encierra la foto en un círculo.

Misión Conexión

¿Qué patrones observas en la luz solar a medida que la Tierra se mueve alrededor del Sol? Dile a un compañero.

En otoño, la parte de la Tierra donde vives recibe menos luz solar. Hay menos horas de luz. En otoño hace fresco.

En primavera, la parte de la Tierra donde vives empieza a recibir más luz solar. Hay más horas de luz. En la primavera hace fresco.

En invierno, la parte de la Tierra donde vives recibe la menor cantidad de luz solar. Hay pocas horas de luz. En invierno hace frío. Dibuja algo que ves en invierno.

¿Cómo puedes hacer un modelo de los movimientos de la Tierra?

Materiales
- cartulina
- linterna
- materiales de dibujo

La Tierra gira una vez por día. Tarda un año en dar una vuelta alrededor del Sol. ¿Cómo puedes hacer un modelo de estos movimientos? ¿Cómo puedes mostrar lo que causan los movimientos?

Práctica de ciencias

Tú usas modelos para aprender cómo se mueven los objetos.

Procedimiento

1. En tu grupo, decidan quiénes representarán los distintos objetos en el cielo.

2. Planeen cómo funcionarán sus modelos.

3. Muestren su plan a su maestro.

4. **Hagan un modelo** de un patrón causado por la rotación de la Tierra. Expliquen cómo funciona su modelo.

_____

_____

_____

_____

Analizar e interpretar datos

5. Describir ¿De qué patrones hiciste un modelo?

_____
_____
_____
_____
_____

6. Relacionar ¿Cómo puedes hacer un modelo de las estaciones?

_____
_____
_____
_____

7. Sacar conclusiones ¿Cómo cambian los movimientos de la Tierra nuestra forma de vida?

_____
_____
_____

 **tú, Ingeniero** < Diseñar **STEM**

 VIDEO

Ve un video sobre cómo la Tierra gira alrededor del Sol.

Diseña un código

La Tierra tarda un año en dar una vuelta alrededor del Sol. Un año tiene 12 meses. ¿Cómo puedes hacer un código para decir dónde está la Tierra en cada mes?

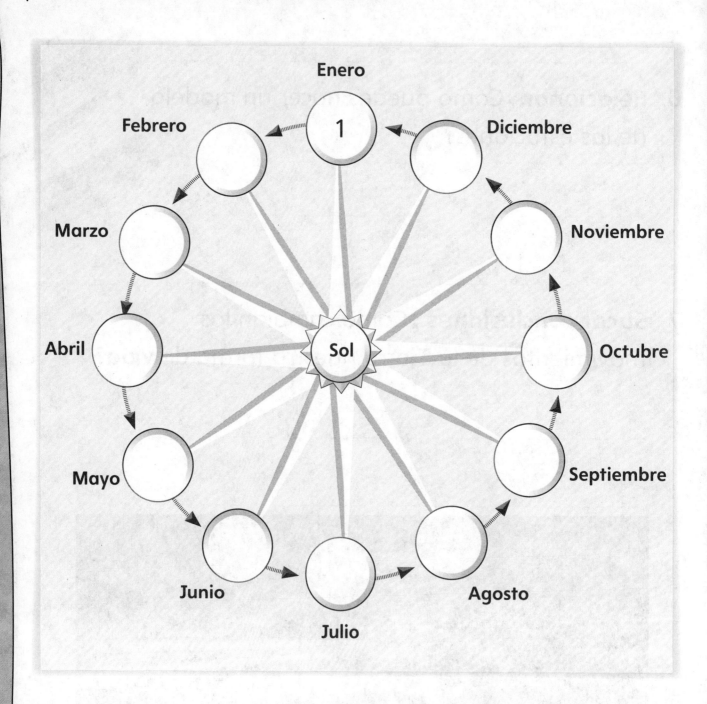

Diséñalo

La imagen muestra cómo la Tierra gira alrededor del Sol. La posición 1 es la Tierra en enero. Cada círculo representa un mes distinto.

☐ **1.** Diseña un código que indique la posición de la Tierra en su vuelta alrededor del Sol en cada mes.

☐ **2.** Escribe aquí cuatro meses de tu código.

_____   _____

_____   _____

☐ **3.** Comenta tu código. Di cómo funciona.

_____

_____

_____

☐ **4.** Comprueba si funciona tu código. Describe la posición de la Tierra con un número del código. Tu compañero debe decirte qué mes es.

INTERACTIVITY

Conéctate en línea
para ver ideas para
tu obra de teatro sobre
los patrones en el cielo.

Observadores del cielo

¿Qué patrones puedes ver en el cielo?

Mira las páginas anteriores. ¿Cuántos patrones
puedes encontrar? Dibuja un patrón que veas.

Muestra lo que encontraste

Trabaja en grupo. Escribe una obra
de teatro que muestre los patrones
en el cielo. Puedes usar dibujos
y fotos en tu obra. Las personas
pueden ser el Sol, la Luna,
las estrellas y la Tierra. En tu obra,
describe y predice patrones. Básate
en tus observaciones del Sol,
la Luna y las estrellas.

Conexión con la Carrera

Científico del espacio

Los científicos del espacio estudian los objetos que hay en el espacio. Observan el Sol y la Luna. También estudian la Tierra. Estos científicos usan telescopios. Estudian fotos tomadas desde una nave espacial.

Algunos científicos viajan por el espacio. Viven en una nave espacial que gira alrededor de la Tierra. ¿Ves los objetos que flotan en la foto de arriba? Hay muy poca gravedad en el espacio. Los científicos también flotan.

¿Qué objeto del cielo te gustaría estudiar?

_____

- - - - - - - - - - - - - - - - - - -

_____

_____

 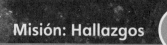

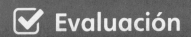

☑ Evaluación

Pregunta esencial ¿Qué objetos hay en el cielo y cómo se mueven?

Muestra lo que aprendiste

Dile a un compañero lo que aprendiste sobre cómo se mueven los objetos en el cielo.

1. ¿Qué oración describe a las estrellas?
   a. Las estrellas están cerca de la Tierra.
   b. Las estrellas dan luz y calor.
   c. Vemos las estrellas durante el día.
   d. Las estrellas están distribuidas uniformemente en el cielo.

2. ¿Qué muestra la foto?
   a. una fase de la Luna
   b. la rotación de la Tierra
   c. una causa de las estaciones
   d. la salida del sol

3. ¿Cómo cambian las horas de luz en
las estaciones? Usa el banco de palabras para
completar la tabla.

| invierno | más | menos | verano |

Estación	Horas de luz

4. Di cómo son las horas de luz en primavera
y en otoño.

_____

- -

_____

- -

_____

- -

_____

Lee esta situación y responde las preguntas.

Kate hizo un modelo de patrones del cielo. En su modelo, usó una pelota y una lámpara. Hizo que la pelota girara sobre sí misma frente a la lámpara. Luego, movió la pelota en un círculo alrededor de la lámpara. Sean hizo un video de los dos tipos de movimiento. Escribió un guion para describir los movimientos del modelo.

1. ¿Qué cosas representó Kate?

   a. La pelota era la Tierra. La lámpara era el Sol.

   b. La pelota era la Luna. La lámpara era una estrella.

   c. La pelota era una estrella. La lámpara era la Tierra.

   d. La pelota era el Sol. La lámpara era la Luna.

2. ¿Qué representó Kate cuando hizo girar la pelota?

_____

_____

_____

3. ¿Qué decía en el guion de Sean cuando la pelota giraba sobre sí misma frente a la lámpara?

    a. La rotación de la Tierra causa las estaciones.

    b. La rotación de la Luna causa las fases de la Luna.

    c. La rotación de la Tierra causa el día y la noche.

    d. El recorrido de la Luna alrededor del Sol causa el amanecer.

4. ¿Qué representó Kate cuando movió la pelota alrededor de la lámpara?

_____

_____

_____

_____

5. ¿Qué decía en el guion de Sean para describir la pelota que se movía alrededor de la lámpara?

    a. La rotación de la Luna causa las fases de la Luna.

    b. El recorrido de la Luna alrededor de la Tierra causa el atardecer.

    c. La rotación de la Tierra causa el día y la noche.

    d. El recorrido de la Tierra alrededor del Sol causa las estaciones.

¿Cómo cambian las sombras?

El movimiento de la Tierra causa que la luz solar haga sombras. Las sombras siguen patrones que pueden predecirse. ¿Cómo puedes observar estos patrones?

Materiales

- palillo de manualidades
- regla

Procedimiento

Práctica de ciencias

Tú planeas investigaciones para explicar fenómenos.

☐ **1.** Predice si una sombra se mantiene igual durante el día.

☐ **2.** Haz un plan para comprobar tu predicción. Usa todos los materiales. Recuerda tomar medidas.

☐ **3.** Muestra tu plan a tu maestro antes de empezar.

☐ **4.** Haz tus **observaciones**.

Observaciones

	Largo de la sombra	Cómo cambió el patrón
Observación 1		
Observación 2		
Observación 3		

Analizar e interpretar datos

5. **Interpretar** ¿Qué le pasó a la sombra?

_____

_____

_____

_____

6. **Explicar** ¿Qué patrón muestran tus observaciones?

_____

_____

_____

_____

Tema 4

El estado del tiempo y las estaciones

Lección 1 Tipos de estado del tiempo

Lección 2 Cambios en el tiempo y las estaciones

Estándares de Ciencias para la Próxima Generación

1-ESS1-2 Hacer observaciones en diferentes momentos del año para relacionar la cantidad de horas de luz solar con la época del año. **K-2-ETS1-2** Desarrollar un bosquejo, dibujo o modelo físico sencillo para ilustrar cómo la forma de un objeto ayuda a que funcione de la manera adecuada para resolver un problema determinado.

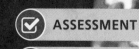

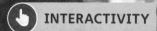
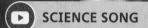

ASSESSMENT

VIDEO

eTEXT

INTERACTIVITY

SCIENCE SONG

GAME

El Texto en línea está
disponible en español.

Pregunta esencial
¿Qué puedes decir acerca del tiempo y las estaciones?

Muestra lo que sabes

Mira la foto. Comenta cómo está el tiempo y qué estación es.

Misión Arranque

¡Planea un viaje!

¿Cuáles son las mejores estaciones para diferentes actividades?

¡Hola! Soy el señor Bloomfield. Soy meteorólogo. Predigo y explico el estado del tiempo.

Necesito que me ayudes a hacer una guía para viajes. El estado del tiempo afecta lo que puedes hacer en un viaje. La guía indicará a las familias los mejores lugares y épocas del año para viajar. En el camino están las actividades de la Misión que completarás a lo largo de este tema. Al completar cada actividad, marca tu progreso para indicar que es una MISIÓN CUMPLIDA .

Misión Control 1

Lección 1

Identifica las mejores temperaturas para nadar y patinar sobre hielo.

Estándares de Ciencias para la Próxima Generación

K-2-ETS1-2 Desarrollar un bosquejo, dibujo o modelo físico sencillo para ilustrar cómo la forma de un objeto ayuda a que funcione de la manera adecuada para resolver un problema determinado.

VIDEO

Ve un video sobre un meteorólogo.

Misión Hallazgos

¡Termina la Misión! Escoge actividades para hacer en un viaje familiar. Identifica el mejor momento y lugar para hacerlas. Busca una manera creativa de hacer tu guía para viajes.

Misión Control: Lab 2

Lección 2

Usa lo que has aprendido sobre la luz solar en las distintas estaciones. Observa los patrones que hay en los datos sobre la salida y la puesta del sol en cada estación.

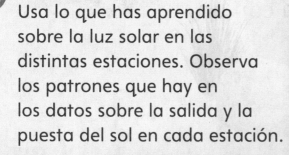

¿Cómo está (afuera) hoy?

Muchos tipos de científicos trabajan afuera.
Deben ver el estado del tiempo todos los días.
¿Cómo puedes ver el estado del tiempo de hoy?

Procedimiento

☐ **1.** Escribe una pregunta que quieras
hacer acerca del estado del
tiempo.

_____

- - - - - - - - - - - - - - - - - - -

_____

_____

☐ **2.** Usa tus sentidos para observar
el estado del tiempo. Anota
tus observaciones.

Analizar e interpretar datos

3. ¿Cómo responden tu pregunta tus
observaciones? Comenta con un
compañero.

Práctica de ciencias

⮕ Tú **haces
preguntas** para
saber más sobre
la naturaleza.

⚠ No mires
directamente
al sol.

Observaciones

Secuencia

GAME

Practica lo que aprendiste con los Mini Games.

Los meteorólogos estudian y predicen el estado del tiempo. Lee cómo se forman las nubes de lluvia.

La secuencia es el orden en el que ocurren las cosas. En una secuencia se usan palabras como "primero", "luego", "después" y "por último".

Se forman las nubes de lluvia

Primero, el aire caliente sube. Segundo, el aire empieza a enfriarse. Después, parte del gas se convierte en agua. Luego, muchas gotitas de agua se juntan en las nubes. Entonces, cae la lluvia. El agua cae al suelo, a los lagos y a los ríos. El sol calienta el agua. Parte del agua se convierte en gas. Por último, el gas sube al cielo y forma nubes. Entonces vuelve a llover.

☑ **Revisar la lectura** **Secuencia** Escribe qué sucede después de que el aire caliente sube y empieza a enfriarse.

_____

_____

VIDEO

Ve un video sobre cómo se usan los instrumentos para medir el estado del tiempo.

Lección 1

Tipos de estado del tiempo

Vocabulario

estado del tiempo

termómetro

pluviómetro

anemómetro

tornado

ventisca

Puedo observar y medir el estado del tiempo.

K-2-ETS1-2

¡En marcha!

¿Cuál es tu estado del tiempo preferido? Hagan una votación en clase. Di por qué te gusta ese estado del tiempo.

¿Hacia dónde *sopla* el *viento*?

Los meteorólogos informan hacia dónde sopla el viento. ¿Cómo puedes saber hacia dónde sopla el viento?

Diseñar y construir

☐ **1.** Usa todos los materiales para construir una veleta. Dibuja tu diseño en un papel. Muestra tu diseño a tu maestro.

☐ **2.** Construye tu veleta.

☐ **3.** Usa tu veleta para saber en qué dirección sopla el viento. **Reúne datos.**

Materiales

- lápiz sin punta
- tapa de bolígrafo
- popote de plástico
- cartulina
- tijeras
- vaso de plástico con tapa
- piedritas
- marcador
- cinta adhesiva

Práctica de ingeniería

Tú **reúnes datos** para poder responder una pregunta.

 Ten cuidado al usar las tijeras.

Evaluar el diseño

4. Comparar Comparte tus datos con un compañero. Digan en qué se parecen y en qué se diferencian los datos.

El estado del tiempo

Cuando saliste esta mañana, ¿qué viste? ¿Qué sentiste? El **estado del tiempo** es cómo se ve y se siente afuera.

A veces afuera está soleado. Otras veces, el cielo está cubierto de nubes. Hay días en que el viento es suave. Otros días el viento es fuerte. Algunos días está cálido, y otros está fresco o hace frío. En un día puede haber lluvia, nieve o niebla.

Ilustrar Haz un dibujo del estado del tiempo hoy.

La temperatura

La temperatura es lo caliente o frío que está algo. Un **termómetro** es un instrumento que mide la temperatura. Los científicos usan termómetros para estudiar el estado del tiempo.

Medir Lee el termómetro de esta imagen. ¿Qué temperatura muestra?

Misión Conexión

Di cuál es el mejor estado del tiempo para volar un papalote.

El viento

El viento es el movimiento del aire. Los científicos usan veletas para observar la dirección del viento. Un **anemómetro** mide qué tan rápido se mueve el viento.

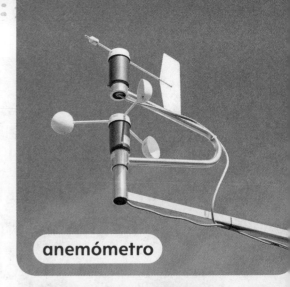
anemómetro

La lluvia y la nieve

El agua cae en forma de lluvia cuando está cálido. Los científicos usan un instrumento llamado **pluviómetro** para medir cuánta lluvia ha caído.

El agua se congela a 0 °Celsius o menos. El agua cae en forma de nieve con esas temperaturas frías.

pluviómetro

Matemáticas ▸ Herramientas

Interpretar datos Mira la tabla. ¿En cuántos días llovió? ¿En cuántos días no llovió? ¿Cuántos más días sin lluvia que días lluviosos hubo?

Día de la semana	Llovió	No llovió
Lunes		X
Martes		X
Miércoles	X	
Jueves		X
Viernes	X	

Las tormentas

En una tormenta llueve o nieva mucho. En una tormenta eléctrica hay lluvia, relámpagos y truenos. Un **tornado** es una tormenta con vientos muy fuertes. Los vientos giran en forma de embudo. Los tornados se forman durante algunas tormentas eléctricas. Pueden destruir edificios.

Una **ventisca** es una tormenta con vientos y nieve fuertes. Las ventiscas pueden bloquear los caminos. También pueden hacer caer líneas de transmisión.

INTERACTIVITY

Completa una actividad sobre cómo se usan los instrumentos para medir el estado del tiempo.

☑ **Revisar la lectura** **Secuencia**

¿Qué se forma primero: una tormenta eléctrica o un tornado? Comenta con un compañero.

tornado

ventisca

Misión Control

Calor y frío

A veces hace calor. A veces hace frío.
Cada día tiene una temperatura diferente.

Identificar Busca la temperatura que sería mejor para patinar sobre hielo afuera. Encierra ese termómetro en un círculo.

Identificar Busca la temperatura que sería mejor para nadar afuera. Marca ese termómetro con una X.

MISIÓN CUMPLIDA ✓

ciencia EXTREMA

Tormenta de nieve Jonas

La tormenta de nieve Jonas ocurrió en el noreste de los Estados Unidos en enero de 2016. La tormenta duró tres días. Cayó nieve en 26 estados. Algunas partes del país recibieron 51 cm de nieve. Otras recibieron 76 cm de nieve. Nueva York, Nueva Jersey, Pensilvania, Maryland, Virginia y Virginia Occidental recibieron la mayor cantidad de nieve.

Ilustrar Haz un dibujo de cómo piensas que es una tormenta de nieve.

¡Diseña una nevera!

Los ingenieros hacen objetos para que los usen las personas. Uno de esos objetos es una nevera. Una nevera mantiene frías la comida y la bebida cuando afuera hace calor. ¿Te gustaría ayudar a un ingeniero a diseñar una nevera?

Diséñalo

Quieres llevar bebidas y frutas frescas a la playa. No tienes una nevera. Buscas en tu casa. ¿Qué puedes usar para mantener frescas las bebidas y frutas?

☐ Haz una lista de los materiales que podrías usar para hacer la nevera.

☐ Dibuja un diseño de la nevera en el espacio de abajo.

☐ Compara tus materiales y diseño con los de otro estudiante. ¿En qué se parecen? ¿En qué se diferencian?

_____

_____

_____

_____

_____

Cambios en el tiempo y las estaciones

VIDEO

Ve un video sobre el tiempo y las estaciones.

Vocabulario

refugio

Puedo describir cómo cambia el estado del tiempo de un día a otro.

Puedo describir las estaciones.

1-ESS1-2

¡En marcha!

Mira la foto. Representa una actividad que puedes hacer en esta época del año. Pide a un compañero que adivine la actividad.

¿Cómo puedes hacer que llueva?

Muchas tormentas tienen lluvia. ¿Cómo puedes hacer un modelo de la lluvia?

Procedimiento

☐ **1.** Pon un plato encima del frasco con agua caliente.

☐ **2.** Pon hielo en el plato. Dibuja lo que ves en la parte de abajo del plato en la Hoja de crear lluvia.

☐ **3.** Da unos golpecitos al plato. Comenta con un compañero lo que sucede.

Analizar e interpretar datos

4. Explicar ¿Por qué crees que llovió en el frasco? Comenta con un compañero.

Materiales

- frasco
- agua del grifo caliente
- cubos de hielo
- plato
- Hoja de crear lluvia

Práctica de ciencias

Tú haces un modelo para estudiar la naturaleza.

Cambios diarios del estado del tiempo

El estado del tiempo puede cambiar de un día a otro. Algunos días está soleado y cálido. Otros está fresco y lluvioso. El tiempo puede cambiar todos los días incluso durante la misma estación, o época del año. Hay cuatro estaciones. Son la primavera, el verano, el otoño y el invierno.

Identificar Subraya la oración que dice la idea principal del párrafo.

Misión Conexión

Mira las fotos. Encierra en un círculo la foto con el mejor estado del tiempo para hacer un picnic en un jardín.

INTERACTIVITY

Completa una actividad que explora las cuatro estaciones.

día soleado

día lluvioso

La luz solar y las estaciones

La Tierra recibe distintas cantidades de luz solar en cada estación. En primavera, el sol sale temprano y se pone tarde. Los días son más largos y cálidos. En verano, el sol sale muy temprano. Se pone muy tarde. Los días de verano tienen más horas de luz solar. Son calurosos.

En otoño, el sol vuelve a salir temprano y ponerse tarde. Los días son más cortos y frescos. En invierno, el sol sale muy tarde. Se pone muy temprano. Los días de invierno tienen menos horas de luz solar. Son cortos y fríos.

Lectura
▶**Herramientas**

Secuencia Di cómo cambian los días en cada estación. Empieza con la primavera y termina con el invierno.

salida del sol en invierno

salida del sol en verano

Cambios del estado del tiempo en las estaciones

Encierra en un círculo la foto de la estación en la que crecen más plantas.

En invierno, hace frío. Puede caer nieve. No crecen las plantas. Algunos animales se van a dormir o se van a zonas más cálidas.

En primavera, está más cálido. Crecen las plantas. Los animales tienen crías.

En verano, hace calor. Crecen las plantas y los animales.

En otoño, se pone más fresco. A los árboles se les caen las hojas. Los animales guardan comida y hacen refugios. Un refugio es un lugar donde protegerse.

Misión Control Lab

¿Cómo afecta **la estación a la cantidad de horas** de luz solar?

Materiales

- Hojas de salida y puesta del sol en cada estación

Los meteorólogos estudian las estaciones. Puedes usar los patrones de las horas de luz solar de cada estación para elegir las actividades que vas a incluir en tu guía para viajes. ¿Cómo puedes saber si la cantidad de horas de luz solar varía de una estación a otra?

Práctica de ciencias

Tú **observas patrones** cuando estudias datos.

Procedimiento

☐ **1.** Mira las Hojas de salida y puesta del sol en cada estación. **Observa los patrones** de salida y puesta del sol en cada estación.

☐ **2.** Haz un plan para observar la puesta del sol en donde vives durante cinco días. Muestra tu plan a tu maestro.

3. Observa la puesta del sol durante 5 días. Registra la hora en la tabla.

Observaciones

	Hora de la puesta del sol				
Estación					
Día	1	2	3	4	5
Hora					

Analizar e interpretar datos

4. **Comparar** ¿En qué se parecen o en qué se diferencian tus datos de los de las Hojas?

_____

_____

_____

_____

5. **Explicar** Comenta el patrón en los datos. Describe la cantidad de luz solar en las distintas épocas del año.

6. **Predecir** Di cómo cambiará la puesta del sol en la semana siguiente.

 INTERACTIVITY

Aplica lo que aprendiste en la Misión.

¡Planea un viaje!

¿Cuáles son las mejores estaciones para diferentes actividades?

Muestra lo que encontraste

Piensa en actividades para un viaje en familia. ¿Qué estación sería la mejor? Busca lugares en los Estados Unidos que tengan buen tiempo para hacer esas actividades.

Escoge una forma creativa de hacer tu guía para viajes. Podrías hacer un video o un cartel. Muestra el lugar y las actividades. Explica por qué ese estado del tiempo es el mejor para las actividades.

Meteorólogo

Los meteorólogos estudian y explican el estado del tiempo. También lo predicen.

Algunos meteorólogos trabajan para noticieros. Otros trabajan para el gobierno o para empresas. Estudian los patrones del estado del tiempo.

¿Qué tipos de estado del tiempo estudiarías si fueras meteorólogo o meteoróloga? Explica tu respuesta.

_____

_____

_____

_____

_____

_____

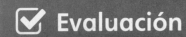

☑ Evaluación

Muestra lo que aprendiste

Dile a un compañero lo que aprendiste sobre el tiempo en distintas estaciones.

1. ¿Qué usan las personas para medir la temperatura del aire?

   a. una veleta

   b. un termómetro

   c. un pluviómetro

   d. un anemómetro

2. Escribe en qué se parecen los tornados y las ventiscas.

   _____

   _____

   _____

   _____

   _____

3. Usa el banco de palabras para completar estas oraciones.

verano   invierno

El _____ tiene la mayor cantidad de horas de luz solar y los días más largos.

El _____ tiene la menor cantidad de horas de luz solar y los días más cortos.

4. Mira las fotos. Escribe la estación debajo de cada foto.

_____

_____

Lee y responde las preguntas 1 a 4.

Liza se levantó muy temprano por la mañana. Salía el sol. Jugó afuera todo el día. Hacía calor. El sol se puso muy tarde. Liza oyó un aviso en la radio al día siguiente. El meteorólogo dijo que se acercaba una tormenta al pueblo de Liza. La tormenta tenía vientos fuertes. Los vientos eran de más de 50 kilómetros por hora. El meteorólogo dijo que la tormenta era peligrosa. Dijo que los vientos podrían formar embudos.

1. ¿Qué instrumento es más probable que haya usado el meteorólogo para medir la velocidad del viento?

    a. un termómetro

    b. una veleta

    c. un pluviómetro

    d. un anemómetro

2. ¿Qué tipo de tormenta piensa
el meteorólogo que podría suceder?

   a. una ventisca

   b. una sequía

   c. un tornado

   d. una tormenta de lluvia

3. ¿Qué estación es?

   a. primavera

   b. verano

   c. otoño

   d. invierno

4. ¿Por qué piensas que es esa estación?
Explica tu respuesta.

¿Cómo cambia el **tiempo** en una semana?

El estado del tiempo cambia día a día. ¿Cómo puedes medir los cambios en el estado del tiempo?

Materiales recomendados

- termómetro
- pluviómetro
- veleta
- anemómetro

Procedimiento

☐ **1.** Decide qué tipo de estado del tiempo quieres medir. **Haz una pregunta** sobre ese tipo de tiempo. Escríbela.

_____

_____

_____

_____

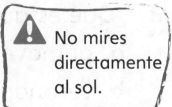

⚠ No mires directamente al sol.

Práctica de ciencias

Tú **haces preguntas** para saber más sobre la naturaleza.

☐ **2.** Escoge tus materiales. Haz un plan para medir el tipo de tiempo durante cinco días. Muestra tu plan a tu maestro.

3. Mide el estado del tiempo durante cinco días. Anota tus observaciones.

Observaciones

Día	Medición
1	
2	
3	
4	
5	

Analizar e interpretar datos

4. Di cómo cambió el estado del tiempo durante la semana.

5. Di cómo puedes usar tus observaciones para responder tu pregunta.

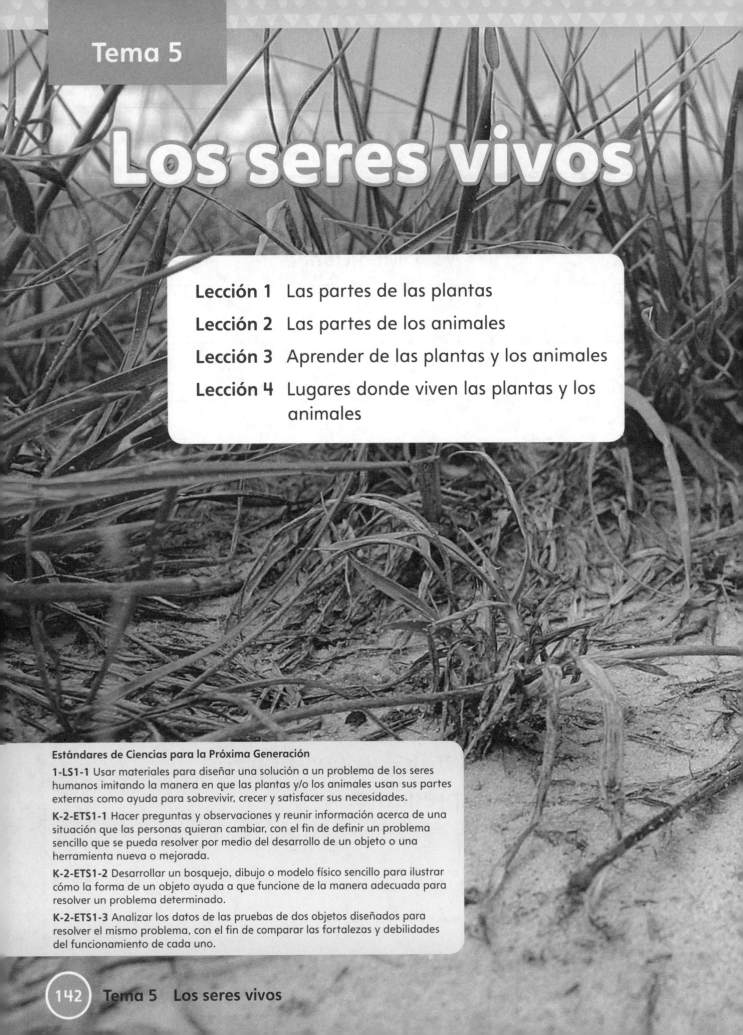

Los seres vivos

Estándares de Ciencias para la Próxima Generación

1-LS1-1 Usar materiales para diseñar una solución a un problema de los seres humanos imitando la manera en que las plantas y/o los animales usan sus partes externas como ayuda para sobrevivir, crecer y satisfacer sus necesidades.

K-2-ETS1-1 Hacer preguntas y observaciones y reunir información acerca de una situación que las personas quieran cambiar, con el fin de definir un problema sencillo que se pueda resolver por medio del desarrollo de un objeto o una herramienta nueva o mejorada.

K-2-ETS1-2 Desarrollar un bosquejo, dibujo o modelo físico sencillo para ilustrar cómo la forma de un objeto ayuda a que funcione de la manera adecuada para resolver un problema determinado.

K-2-ETS1-3 Analizar los datos de las pruebas de dos objetos diseñados para resolver el mismo problema, con el fin de comparar las fortalezas y debilidades del funcionamiento de cada uno.

ASSESSMENT

VIDEO

eTEXT

INTERACTIVITY

SCIENCE SONG

GAME

El Texto en línea está
disponible en español.

Pregunta esencial   ¿Cómo ayudan las partes del cuerpo a los animales y las plantas?

Muestra lo que sabes

Marca con una **X** la parte de la tortuga que la protege de otros animales.

STEM Imitadores de la NATURALEZA

¿Cómo puedes imitar partes de los animales y de las plantas para resolver un problema?

¡Hola! Soy la doctora Basha. Soy bioingeniera. Hago cosas que ayudan a las personas. Copio partes de los animales y las plantas.

Busca maneras en que las plantas y los animales usan sus partes para vivir. Usa una parte de un animal o de una planta para resolver un problema de los seres humanos. En el camino están las actividades de la Misión que completarás a lo largo de este tema. Al completar cada actividad, marca tu progreso para indicar que es una **MISIÓN CUMPLIDA** ✓.

Estándares de Ciencias para la Próxima Generación

1-LS1-1 Usar materiales para diseñar una solución a un problema de los seres humanos imitando la manera en que las plantas y/o los animales usan sus partes externas como ayuda para sobrevivir, crecer y satisfacer sus necesidades.

K-2-ETS1-2 Desarrollar un bosquejo, dibujo o modelo físico sencillo para ilustrar cómo la forma de un objeto ayuda a que funcione de la manera adecuada para resolver un problema determinado.

VIDEO

Ve un video sobre
un bioingeniero.

Misión Control 2

Lección 2

Usa lo que aprendiste
sobre las partes de
los animales. Muestra cómo
las personas copian una
parte de un animal.

Misión Control 3

Lección 3 ◆

Muestra cómo las plantas
y los animales usan sus
partes para satisfacer sus
necesidades.

Misión Control 1

Lección 1 ■

Usa lo que
aprendiste sobre las
partes de las
plantas. Muestra
cómo las personas copian
una parte de una
planta.

Misión Control: Lab 4

Lección 4 ▲

Averigua cómo el color
del pelo de una liebre nival la
ayuda a sobrevivir.

Misión Hallazgos

¡Termina la Misión! Copia una
parte de una planta o un
animal. Ayuda a resolver
un problema de los seres
humanos.

1-LS1-1, K-2-ETS1-2, K-2- ETS1-3, SEP.2, SEP.4

¿Cómo puedes hacer el modelo de una planta?

Los científicos usan distintos materiales para hacer modelos. Los modelos les permiten estudiar los seres vivos. ¿Qué materiales puedes usar para hacer el modelo de una planta?

Diseñar y construir

☐ **1.** Mira las imágenes de plantas. Escoge una planta.

☐ **2.** Escoge tus materiales.

☐ **3.** Diseña y construye tu modelo

Evaluar el modelo

4. Compara tu modelo con la planta de la imagen. Di si tu modelo muestra todas las partes de la planta.

5. Compara tu modelo con los modelos hechos por otros estudiantes. Comenta en qué se parecen y en qué se diferencian los modelos.

LABORATORIO PRÁCTICO

Materiales
- imágenes de plantas

Materiales recomendados
- cartulina gruesa
- cartulina
- crayones
- objetos pequeños

Práctica de ingeniería

Tú haces un modelo como ayuda para estudiar el mundo natural.

Comparar y contrastar

GAME

Practica lo que aprendiste con los Mini Games.

Puedes comparar y contrastar cosas. Comparar significa ver en qué se parecen las cosas. Contrastar significa ver en qué se diferencian las cosas.

Gansos y ciclistas

Los gansos vuelan en forma de V. El ganso líder vuela en la punta de la V. Ese ganso agita sus alas. Forma corrientes de aire que se elevan. Las corrientes ayudan a los demás gansos a ahorrar energía. Un grupo de ciclistas va en fila. Los ciclistas que siguen al líder ahorran energía.

gansos

☑ **Revisar la lectura** Comparar y contrastar

Subraya en qué se parecen los gansos y los ciclistas. Encierra en un círculo en qué se diferencian.

ciclistas

Las partes de las plantas

▶ VIDEO

Ve un video sobre las raíces.

Vocabulario

raíz

tallo

hoja

Puedo identificar las partes principales de las plantas.

Puedo explicar cómo las partes de las plantas ayudan a las plantas.

1-LS1-1, K-2-ETS1-2

¡En marcha!

Mira las hojas del árbol. Di cómo las hojas ayudan al árbol a vivir. Mira el tronco del árbol. Di cómo el tronco ayuda al árbol a vivir.

¿Qué aspecto tienen las partes de una planta?

Los científicos estudian las partes de las plantas para aprender qué hacen. ¿Cómo puedes observar las partes de las plantas?

Materiales
- una planta
- lupa
- crayones

Procedimiento

☐ **1. Observa** las partes de la planta. Usa todos los materiales. Haz un dibujo de cada parte.

Práctica de ciencias

Tú **observas** para obtener y comunicar información.

 Lávate las manos cuando termines.

Analizar e interpretar datos

2. Explica cómo crees que la forma del tallo ayuda a la planta.

_____

- - - - - - - - - - - - - - - - - -

_____

3. Di un objeto que hacen las personas y que se parece al tallo de una planta.

Las raíces

Las plantas tienen partes que las ayudan a obtener lo que necesitan para vivir y crecer. Muchas plantas tienen raíces. Una **raíz** es la parte de la planta que absorbe agua.

Las raíces responden a la gravedad y la humedad. Crecen hacia abajo en el suelo. Las raíces sostienen la planta en el suelo. Las raíces crecen hacia donde hay agua. Toman agua y nutrientes del suelo.

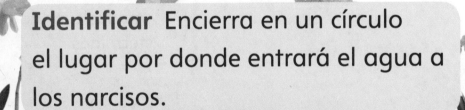

Identificar Encierra en un círculo el lugar por donde entrará el agua a los narcisos.

Misión Conexión

Menciona las características de las raíces que las personas podrían querer imitar. ¿Por qué querrían hacer eso?

Tallos y hojas

INTERACTIVITY

Conéctate en línea para aprender sobre las partes de las plantas.

Muchas plantas tienen tallos y hojas. Las hojas y los tallos responden al Sol y crecen hacia él.

Un **tallo** es la parte de la planta que lleva el agua de las raíces a las hojas y sostiene la planta. El agua y los nutrientes se mueven desde las raíces. Suben por el tallo y pasan a las hojas.

Una **hoja** es la parte de la planta que produce comida. Las hojas usan luz solar, agua y nutrientes para hacer eso. Las espinas de un cactus son hojas. Protegen a la planta.

☑ **Revisar la lectura** **Comparar y contrastar** Subraya algo que hace un tallo. Haz un círculo alrededor de algo que hace una hoja.

raíces

Las flores y los frutos

Muchas plantas tienen flores y frutos. Las flores y los frutos ayudan a que se formen plantas nuevas. Las flores contienen óvulos y polen. Con ellos se hacen semillas. El fruto contiene las semillas de una planta. El fruto protege a las semillas. Los animales comen frutos. Esto ayuda a que las semillas se muevan de un lugar a otro.

Lectura
▸Herramientas

Comparar y contrastar
Encierra en un círculo las palabras que dicen lo que contienen las flores. Subraya algo que hace el fruto.

Predecir ¿De qué maneras pueden moverse las semillas de un lugar a otro?

_____

_____

flores y frutos

flores silvestres del desierto

Misión Control

Las raíces ayudan a las plantas a sobrevivir

Algunas plantas tienen una sola raíz gruesa llamada raíz pivotante. Toma agua de una parte profunda del suelo. La raíz pivotante ayuda a la planta a mantenerse en su lugar.

Identificar Busca algo en la foto que funciona como una raíz pivotante.

diente de león con raíz pivotante

estaca de tienda

Las partes de los animales

VIDEO

Conéctate en línea para aprender sobre cómo los animales usan los sentidos.

Vocabulario

escama

branquia

Puedo identificar las partes principales de los animales.

Puedo explicar cómo sus partes ayudan a los animales.

1-LS1-1, K-2-ETS1-2, K-2- ETS1-3

¡En marcha!

Mira los ojos del leopardo. Di cómo lo ayuda su vista. Mira las patas del leopardo. Di cómo las patas lo ayudan a moverse.

LABORATORIO PRÁCTICO

1-LS1-1, K-2-ETS1-2, K-2-ETS1-3, SEP.2, SEP.3, SEP.8

¿Cómo ayudan los bigotes a un gato?

Los científicos saben que los animales usan sus sentidos. Los sentidos les dicen cosas sobre el medio ambiente. ¿Cómo ayudan los bigotes a un gato para saber qué tan grande es una abertura?

Materiales

- cajas o tubos con aberturas de distintos tamaños
- pelota de espuma de poliestireno
- cinta adhesiva
- limpiapipas

Diseñar y construir

☐ 1. Usa los materiales. Haz un modelo de la cabeza y los bigotes de un gato.

☐ 2. Haz un plan. Comprueba cómo los bigotes ayudan a un gato a pasar por aberturas.

☐ 3. Comprueba tu modelo. Anota tus datos.

Práctica de ingeniería

Tú usas modelos para ver cómo funciona algo.

Evaluar el modelo

4. Compara tus observaciones con las de otro grupo. Comenta cómo su forma ayuda a los bigotes a dar información al gato.

Cómo se mueven los animales

INTERACTIVITY

Conéctate en línea para aprender sobre las partes de los animales.

Los animales tienen distintas partes del cuerpo. Algunas partes del cuerpo ayudan a los animales a moverse. Los animales se mueven para buscar alimento y agua.

Muchos animales, como los osos, tienen patas. Los peces tienen aletas. Los caballos y otros animales tienen pezuñas. Las aves tienen alas.

oso negro

Explicar Subraya las palabras que indican lo que usan los animales para moverse.

Conectar conceptos ▸ Herramientas

Estructura y función La forma de las partes del cuerpo de un animal dan pistas de cómo se mueve el animal. Mira las patas del oso negro. ¿Cómo lo ayudan a moverse? Describe una manera en que un oso podría usar sus garras.

Cubiertas del cuerpo y formas de respirar

Los animales tienen cubiertas del cuerpo que los protegen. Muchos animales tienen pelo o pelaje que crece de su piel. Las plumas crecen de la piel de las aves. Los peces y las serpientes tienen placas duras llamadas **escamas**. Muchos animales del océano e insectos tienen un caparazón duro.

las plumas
de un ave

las escamas de
una serpiente

las branquias
de un pez

Las personas y muchos animales tienen pulmones. Toman aire por la nariz. Las **branquias** le permiten al pez respirar bajo el agua.

Identificar Subraya las palabras que nombran las distintas cosas que cubren el cuerpo de los animales.

Los sentidos y las respuestas de los animales

Los animales usan sus ojos para ver. Usan sus oídos para oír. Una suricata usa sus oídos para escuchar si hay algo peligroso. Los animales huelen y sienten el gusto de las cosas. Tocan cosas con su cuerpo.

Los sentidos de los animales les dan información sobre el mundo. La información los ayuda a crecer y vivir. Parte de esa información les indica que están en peligro. Los animales usan los sentidos para protegerse.

suricata

Misión Conexión

Por lo general, los animales ven más lejos que los humanos. Di el nombre de un instrumento que crearon las personas para ver más lejos.

Misión Control

Distintas formas, distintos usos

Las distintas clases de aves tienen picos diferentes. Algunos picos tienen puntas filosas. Otros picos tienen forma de gancho.

Diferenciar ¿Qué pico tiene la forma correcta para hacer agujeros en los árboles? Enciérralo en un círculo.

pájaro carpintero

águila

Analizar Las personas hacen herramientas basadas en las partes de los animales. Menciona algo que hacen las personas con una herramienta que termina en punta.

MISIÓN CUMPLIDA ✓ 159

K-2-ETS1-1

▶ VIDEO

Ve un video sobre cómo los bioingenieros resuelven problemas.

Diseña una herramienta

Los bioingenieros estudian las partes de las plantas y los animales. Podrían estudiar el caparazón de una tortuga para diseñar un casco de bicicleta.

¿Te gustaría ayudar a un bioingeniero a resolver un problema?

tortuga

Diséñalo

Los animales usan herramientas. Mira las fotos. Diseña una herramienta para resolver un problema.

chimpancé

☐ Escoge la parte del animal que copiarás. Piensa en la herramienta que harás. ¿Para qué se podría usar esta herramienta?

cuervo

_____

_____

_____

_____

_____

☐ Piensa en lo que necesitas para construir la herramienta.

☐ Diseña la herramienta.

☐ Describe cómo funcionará tu herramienta. ¿Cómo puedes mejorarla?

_____

_____

_____

_____

Aprender de las plantas y los animales

▶ **VIDEO**

Ve un video sobre la biomímesis.

Vocabulario

imitar

Puedo demostrar cómo las personas pueden aprender cosas de las partes de las plantas y los animales.

1-LS1-1

¡En marcha!

Sé una hoja. Represéntala. Di cómo la hoja ayuda a la planta a vivir. Sé una ardilla. Represéntala. Di cómo las patas de una ardilla la ayudan a vivir.

túInvestigas Lab

¿Qué pueden aprender las personas de la cáscara de una bellota?

Las bellotas caen de los robles. ¿Cómo ayuda la cáscara dura a la bellota?

Materiales
- bellota
- lupa
- martillo pequeño

Procedimiento

☐ 1. Usa todos los materiales. Haz un plan para romper la cáscara de la bellota. Muestra tu plan a tu maestro.

☐ 2. Haz tu investigación. Anota tus observaciones.

Práctica de ciencias

Tú **creas explicaciones** para explicar fenómenos.

⚠ Ponte lentes de seguridad cuando uses un martillo.

Analizar e interpretar datos

3. **Explica** cómo la cáscara dura ayuda a la bellota.

_____

_____

4. ¿Cómo pueden las personas copiar lo que hace la bellota para ayudar a las personas a protegerse?

_____

_____

Las personas imitan a la naturaleza

Las plantas y los animales tienen distintas partes del cuerpo. Las personas miran cómo funcionan las plantas. Miran cómo los animales resuelven los problemas. Las personas toman ideas de otros seres vivos. Las personas **imitan**, es decir, copian, lo que hacen las plantas y los animales. Hacen esto para conseguir lo que necesitan para vivir.

Misión Conexión

Di por qué las personas pueden tomar buenas ideas de las plantas y los animales para resolver problemas.

cerca de alambre de púas

Los puercoespines tienen púas filosas.
Cuando los animales se acercan, ellos
levantan las púas. Las púas evitan
que otros animales se los coman. Las
personas imitan el modo en que la
naturaleza usa las cosas filosas. Las
personas hacen cercas con puntas de
metal filosas. Los granjeros ponen las
vacas y las ovejas dentro de las cercas
para evitar que los animales
se escapen.

INTERACTIVITY

Conéctate en línea
para aprender sobre la
biomímesis.

puercoespín

Predecir ¿Crees que las personas
alguna vez dejarán de tomar ideas
de otros seres vivos? Explica por qué.

☑ **Revisar la lectura** **Comparar y contrastar**
Subraya las palabras que muestran cómo los
puercoespines usan sus púas para protegerse.

Misión Control

cardo

Un invento pegajoso

Los cardos son semillas de plantas que se pegan a las cosas.

Un inventor estudió cómo se pegan los cardos. Inventó un cierre. Un lado tiene ganchos, como los cardos. El otro lado tiene bucles, como la tela. Los dos lados se pegan entre sí. Usamos cierres de gancho y bucle en productos que ayudan a las personas. Uno de ellos es la férula. Se pone alrededor de un brazo, una pierna, una mano o un pie. Sostiene en su lugar huesos rotos o músculos desgarrados.

férula

Identificar ¿De qué otra manera las personas usan cierres de gancho y bucle?

MISIÓN CUMPLIDA

Ordenar objetos por altura

Muchos tipos de plantas tienen las mismas partes. Las partes son de distintos tamaños. Los árboles tienen troncos. Los troncos son de distintos tamaños.

Comparar Mira las imágenes. Ordena los troncos por su altura. Rotula el tronco más alto con un 1. Rotula el tronco más bajo con un 3.

Lección 4

Lugares donde viven las plantas y los animales

VIDEO
Ve un video sobre medio ambientes de tierra y de agua.

Vocabulario

medio ambiente

Puedo usar mis sentidos para observar a los seres vivos en su medio ambiente.

1-LS1-1, K-2-ETS1-2

¡En marcha!

Haz un dibujo de una planta o un animal. Di lo que la planta o el animal necesita para vivir. Di cómo consigue lo que necesita en el lugar donde vive.

8Tema 5   Los seres vivos

túInvestigas Lab

túInvestigas™ Lab

1-LS1-1, K-2-ETS1-2, SEP.2, SEP.3, SEP.4

LABORATORIO PRÁCTICO

¿Qué le pasa a una planta acuática fuera del agua?

Si quitas a una planta de donde vive, ¿puede sobrevivir? ¿Una planta de humedal podría sobrevivir en un desierto?

Materiales

- papel encerado
- cordel
- clips
- recipiente con agua
- tijeras

Procedimiento

☐ **1.** Usa los materiales para construir un modelo de una planta que vive en el agua.

☐ **2.** Haz un plan para investigar qué ocurriría si la planta acuática estuviera en la tierra.

☐ **3.** Anota tus observaciones.

Práctica de ciencias

Tú **construyes modelos** para estudiar fenómenos de la vida diaria.

⚠ **Ten cuidado al usar las tijeras.**

Analizar e interpretar datos

4. Evaluar ¿Qué ocurrió con tu modelo de planta acuática cuando estaba en la tierra? Dile a un compañero por qué ocurrió eso.

5. Sacar conclusiones ¿La planta acuática puede vivir en la tierra? Dile a un compañero.

Medio ambientes

Las plantas y los animales viven en medio ambientes. Este es un medio ambiente de lago. Un **medio ambiente** es todo lo que rodea a un ser vivo. Los objetos inertes como el agua y el aire forman parte del medio ambiente. Los seres vivos como las plantas, los animales y las personas forman parte del medio ambiente. Los seres vivos consiguen lo que necesitan en su medio ambiente.

Explicar Subraya los objetos inertes que forman parte del medio ambiente. Encierra en un círculo los seres vivos que forman parte del medio ambiente.

medio ambiente de lago

Conocer los medio ambientes con los sentidos

Puedes usar los sentidos para aprender sobre los medio ambientes. En un medio ambiente puedes ver cosas. Puedes oír cosas. Puedes tocar cosas. Puedes oler cosas. Puedes usar los sentidos para saber cosas de este medio ambiente de bosque.

medio ambiente de bosque

Identificar Encierra en un círculo las palabras que dicen cómo se usan los sentidos.

Misión Conexión

Di cómo las personas usan los sentidos para aprender sobre el medio ambiente. Di cómo eso las ayuda a imitar la naturaleza.

Medio ambientes de tierra y de agua

Hay medio ambientes de tierra y de agua. Los seres vivos obtienen en ellos lo que necesitan. Puedes usar los sentidos para conocerlos.

> ☑ **Revisar la lectura** Comparar y contrastar Di en qué se parecen un humedal y un océano. Di en qué se diferencia un humedal de un océano.

Comprensión visual Mira la foto de la pradera. Escribe cómo el ratón consigue lo que necesita para vivir.

_____

_____

_____

_____

_____

_____

El océano es agua salada. El agua es muy profunda. Allí viven peces. Allí viven algas.

El desierto es muy seco. El suelo es arena o suelo duro. Allí viven pocas plantas y animales.

En la pradera hay mucho pasto. Hay pocos árboles. Allí viven aves y otros animales pequeños.

INTERACTIVITY

Conéctate en línea para explorar distintos medio ambientes.

El agua cubre el suelo de un humedal. El agua no es muy profunda. Allí viven aves y pastos.

Misión Control Lab

¿Cómo se protegen las liebres nivales?

Las personas y los animales usan los colores para protegerse. Las liebres nivales tienen el pelo café en verano y blanco en invierno. ¿Cómo usan las personas el color cuando están al aire libre?

Materiales
- Hoja de paisaje y liebres
- crayones

Práctica de ciencias

Tú usas un **modelo** para responder preguntas sobre la naturaleza.

Procedimiento

☐ **1.** Mira las fotos de las liebres nivales.

☐ **2.** Usa la Hoja de paisaje y liebres para aprender cómo el color del pelo de las liebres las protege.

☐ **3.** Registra tus notas en la tabla.

Imagen	Cómo afecta el color al animal o al medio ambiente
verano	
invierno	
liebres	

Analizar e interpretar datos

4. **Predecir** ¿De qué color será el pelo de la liebre en invierno?

_____

_____

5. **Sacar conclusiones** ¿Qué pueden aprender las personas del modo en que los animales usan el color? Dile a un compañero.

INTERACTIVITY

Aplica lo que aprendiste en la Misión.

Imitadores de la NATURALEZA

¿Cómo puedes imitar partes de los animales y de las plantas para resolver un problema?

Piensa en lo que has aprendido sobre las partes de las plantas y los animales. ¿Qué pueden aprender las personas de las plantas y los animales?

Muestra lo que encontraste

Es hora de que tú diseñes una solución. Debe estar basada en una parte de una planta o un animal. Haz un dibujo de tu solución. Di cómo tu solución ayudará a las personas.

Conexión con la Carrera

Bioingeniero

Los bioingenieros estudian las plantas y los animales. Usan lo que aprenden para construir cosas. Los bioingenieros hacen cosas que ayudan a las personas enfermas o heridas. Hacen brazos y piernas artificiales. También tratan de resolver otros problemas.

Algunos bioingenieros trabajan en universidades. Otros trabajan en hospitales. Algunos trabajan en compañías.

¿Qué problema tratarías de resolver si fueras bioingeniero?

_____

_____

_____

Pregunta
esencial ¿Cómo ayudan las partes del cuerpo
a los animales y las plantas?

Muestra lo que aprendiste

Di a un compañero lo que aprendiste sobre cómo
sus partes ayudan a plantas y animales a vivir.

1. Mira la imagen de la planta. Rotula las partes
de la planta. Usa el banco de palabras.

raíces	tallo	hojas	flores	fruto

2. Todos los tipos de felinos, es decir los gatos, pueden ver bien de noche. ¿Qué tecnología humana es más probable que imite los ojos de un felino?

   a. lentes de visión nocturna

   b. sonar

   c. telescopio

   d. linterna

3. Mira tu respuesta a la pregunta 2. Escribe cómo las personas podrían usar lo que aprendieron de un felino. Escribe lo que podrían hacer para resolver un problema de los seres humanos.

_____

_____

_____

_____

4. Explica cómo el color puede proteger a un animal.

_____

_____

_____

_____

Lee esta situación y responde las preguntas 1 a 4.

Unos ingenieros querían hacer un tren muy rápido. También querían que el tren fuera silencioso. Eso era un problema. Los trenes rápidos hacen un ruido fuerte cuando salen de túneles. Los ingenieros tenían que encontrar una manera de hacer un tren rápido y silencioso.

Los ingenieros observaron al martín pescador. Esta ave tiene un pico puntiagudo. El martín pescador se zambulle en el agua para atrapar peces. No hace salpicar el agua. Los ingenieros hicieron el frente del tren como el pico del martín pescador. El tren es rápido y silencioso.

1. ¿Qué parte del martín pescador le ayuda a zambullirse en el agua sin salpicar?

   a. las alas   c. las plumas

   b. el pico   d. las patas

2. Escribe cómo los ingenieros copiaron al martín pescador.

_____

_____

_____

3. ¿Por qué los animales como el martín pescador pueden hacer cosas que las personas no pueden hacer?

   a. Tienen partes del cuerpo diferentes.

   b. Tienen medio ambientes diferentes.

   c. No necesitan las mismas cosas que necesitan las personas.

   d. Necesitan cosas que las personas no necesitan.

4. Encierra en un círculo las palabras que completen correctamente la oración.

desértico	terrestre	de la pradera	acuático

El martín pescador vive en un medio

ambiente _____

¿Cómo ayudan las espinas a los cactus?

Los cactus tienen espinas. Las espinas son hojas muy filosas. ¿Cómo puedes usar un modelo para comprobar cómo las espinas ayudan a los cactus?

Diseñar y construir

☐ 1. Estudia la foto de las espinas del cactus.

☐ 2. Escoge los materiales para hacer un modelo.

☐ 3. Diseña y construye tu modelo.

☐ 4. Trata de tocar el tallo sin tocar las espinas. Inténtalo tres veces. Escribe en la tabla qué ocurre.

Materiales

- tijeras
- crayones
- cinta adhesiva
- pegamento

Materiales recomendados

- distintos tipos de papel
- variedad de objetos de cartón
- variedad de objetos largos y delgados

Práctica de ingeniería

Tú haces un modelo como ayuda para estudiar la naturaleza.

⚠ **Ten cuidado al usar las tijeras y otros objetos con puntas filosas.**

Observaciones

Número de intento	Observaciones
1	
2	
3	

Evaluar el modelo

5. **Identificar** Muestra a un compañero las espinas y el tallo de tu modelo.

6. **Explicar** Di qué le ocurriría a un animal que intentara comer el cactus.

7. **Usar evidencia** Di cómo las espinas ayudan al cactus.

Los padres y sus hijos

Estándares de Ciencias para la Próxima Generación

1-LS1-2: Leer textos y usar los medios de comunicación para determinar patrones de comportamiento de los padres y sus hijos que ayudan a sobrevivir a los hijos.

1-LS3-1: Hacer observaciones para crear un informe basado en la evidencia de que las plantas y los animales jóvenes se parecen a sus padres pero no son iguales.

VIDEO

eTEXT

INTERACTIVITY

SCIENCE SONG

GAME

El Texto en línea está
disponible en español.

Pregunta esencial ¿En qué se parecen o se
diferencian los padres y sus hijos?

Muestra lo que sabes

Encierra en un círculo
al padre. Marca con
una X los hijos.

Tema 6   Los padres y sus hijos   185

Misión Arranque

Encuentra a los padres

¿Qué pistas nos ayudan a encontrar a los padres de las crías?

¡Hola! Soy la señorita Swift. Soy una científica de la naturaleza. Ayudo a cuidar las plantas y los animales. Necesito tu ayuda.

Alguien dejó la puerta abierta del zoológico y muchos animales se escaparon. Ayúdame a encontrar a los padres de estos animalitos. Busca las pistas mientras lees. En el camino están las actividades de la Misión que completarás a lo largo de este tema. Al completar cada actividad, marca tu progreso para indicar que es una MISIÓN CUMPLIDA ✓.

Estándares de Ciencias para la Próxima Generación

1-LS1-2: Leer textos y usar los medios de comunicación para determinar patrones de comportamiento de los padres y sus hijos que ayudan a sobrevivir a los hijos.

1-LS3-1: Hacer observaciones para crear un informe basado en la evidencia de que las plantas y los animales jóvenes se parecen a sus padres pero no son iguales.

▶ **VIDEO**

Ve un video sobre un científico de la naturaleza.

Misión Control 2

Lección 2 ●

Usa lo que aprendiste sobre los padres y sus hijos para encontrar a los padres de las crías.

Misión Control 3

Lección 3 ◆

Lee más acerca del comportamiento de los animales y de cómo los osos ayudan a sus oseznos.

Misión Control: Lab 1

Lección 1 ■

Usa lo que aprendiste sobre los ciclos de vida animal para decir en qué se parecen o se diferencian los ciclos de vida de dos animales.

Misión Hallazgos

¡Termina la Misión! Muestra de una manera divertida de qué manera son iguales o diferentes los animales y sus crías.

¿Qué ratón es más largo?

Los científicos de la naturaleza observan a los seres vivos para contestar preguntas. ¿Qué observación puedes hacer para contestar la pregunta del título?

Práctica de ciencias

Tú **haces observaciones** para contestar una pregunta científica.

Procedimiento

☐ **1.** Piensa qué observaciones puedes hacer para saber qué ratón es más largo.

☐ **2.** Reúne y anota tus datos.

Tamaño real de los ratones

_____

_____

_____

_____

Analizar e interpretar datos

3. Mira tus datos. Encierra en un círculo los datos que muestran cuál es el ratón más largo.

4. Di cómo se diferencian los ratones.

Idea principal y detalles

 GAME

Practica lo que aprendiste con los Mini Games.

Los científicos de la naturaleza observan los animales. Lee sobre los gansos y sus hijos.

La idea principal es de lo que se trata el texto.

Los detalles hablan de la idea principal.

Los gansos y sus hijos

Los gansos cuidan a sus polluelos.

Construyen nidos para sus hijos.

Los polluelos duermen cerca de sus padres.

Los gansos adultos y sus hijos buscan pasto para comer. Los padres se quedan cerca mientras los polluelos comen.

✓ Revisar la lectura Idea principal y detalles

Encierra en un círculo la idea principal.
Subraya dos detalles.

gansos y sus polluelos

Ciclos de vida de las plantas y los animales

VIDEO

Ve un video sobre los ciclos de la vida.

Vocabulario

ciclo de vida

crías

Puedo observar los ciclos de vida de algunas plantas y animales.

1-LS1-2

¡En marcha!

Encierra en un círculo un tomate, un pimiento y un pepino en la foto. ¿Qué crees que está dentro de ellos?

¿Cómo crecen y cambian las plantas?

Los científicos de la naturaleza hacen preguntas sobre las plantas. ¿Cómo sabes que una planta crece y cambia?

Procedimiento

☐ **1.** Escoge un tipo de semilla.

☐ **2.** Usa todos los materiales. Haz un plan para ver cómo crecen las semillas. Dile a tu maestro tu plan antes de empezar.

☐ **3. Observa** las semillas cada dos días por diez días. Dibuja lo que observas.

Analizar e interpretar datos

4. Di cómo cambiaron las semillas.

Materiales

- semillas (frijoles de lima, rábanos o girasoles)
- toalla de papel mojada
- bolsa de plástico con cierre hermético
- lupa

Práctica de ciencias

Tú **haces observaciones** para contestar una pregunta.

Ciclo de vida de una planta

El **ciclo de vida** son las etapas por las que pasa un ser vivo durante su vida. Una planta de sandía es primero una semilla. Luego se vuelve una planta pequeña. Al ir creciendo, la planta se convierte en una planta adulta.

Dibuja la flecha que falta en el ciclo de vida.

Idea principal y detalles
La idea principal es que todos los seres vivos crecen y cambian. Usa los detalles para decir cómo cambia una planta de sandía durante su ciclo de vida.

fruta con semillas

planta adulta

planta joven

Ciclo de vida de los animales

INTERACTIVITY

Compara los ciclos de vida de un pollo y un tapir.

Los animales también tienen ciclos de vida. Un tapir es un animal que vive en el bosque.

Un tapir joven crecerá y cambiará. Se parecerá a sus padres.

También tendrá **crías**, o hijos, propios.

☑ **Revisar la lectura**

Idea principal y detalles
Encierra en un círculo la idea principal. Subraya los detalles.

tapir recién nacido

tapir joven

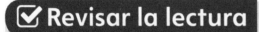
tapir adulto

Misión Conexión

Di cómo crece y cambia el tapir recién nacido.

¿En qué se parecen o se diferencian los ciclos de vida?

Materiales

- hoja de los ciclos de vida de los animales
- tijeras
- pegamento

Ya aprendiste sobre el ciclo de vida de una planta y un animal. Ahora descubre en qué se parecen o se diferencian los ciclos de vida de dos animales.

Práctica de ciencias

Tú **comparas observaciones** para aprender los patrones de la naturaleza.

Procedimiento

☐ 1. Escoge dos animales de la hoja de trabajo. Recorta cada parte de los dos ciclos de vida.

☐ 2. Acomoda cada ciclo de vida en un recuadro y pégalo.

☐ 3. ¿Qué puedes añadir para completar un ciclo? Añádelo.

☐ 4. **Observa** cómo cada animal crece y cambia.

⚠ **Ten cuidado cuando uses las tijeras.**

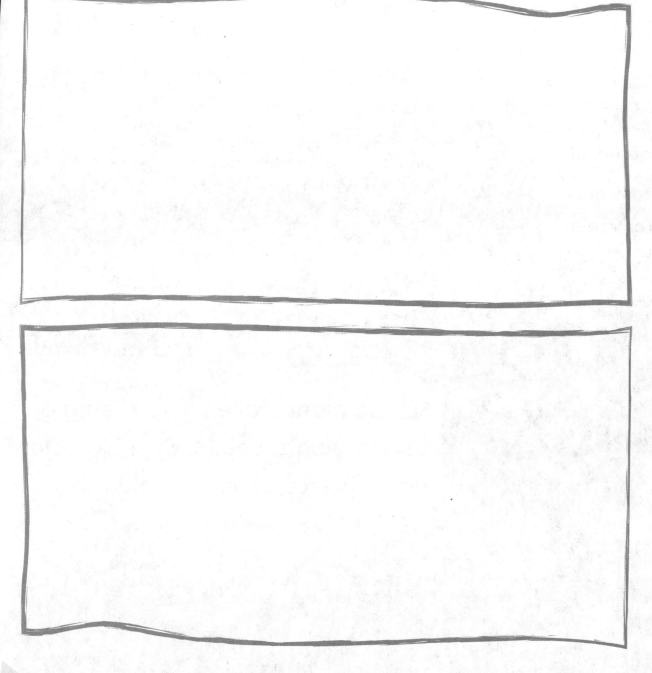

Analizar e interpretar datos

5. **Describe** el ciclo de vida de cada animal.

6. ¿Qué patrones ves?

Observar a los padres y sus hijos

Vocabulario

comparar

contrastar

Puedo comprender que las plantas y los animales jóvenes son parecidos a sus padres, pero no son exactamente iguales.

1-LS3-1

¡En marcha!

Sé una planta joven. Represéntala.

Sé una planta adulta. Represéntala.

Habla acerca de las dos plantas.

¿Qué aspecto tienen las plantas jóvenes?

Los científicos de la naturaleza pueden observar a las plantas jóvenes. Se aseguran de que estén saludables como las plantas padre.

Materiales
- papel
- crayones

Procedimiento

☐ **1.** Mira las dos plantas padre.

Práctica de ciencias

Tú **observas** cuando miras algo con atención.

☐ **2.** Escoge una de las plantas padre. Dibújala en una hoja de papel.

☐ **3.** ¿Qué aspecto piensas que tendrá la planta joven de esa planta padre? Dibújala.

Analizar e interpretar datos

4. **Observa** otras plantas jóvenes. Comenta lo que observas.

Parecidos y diferentes

Las plantas y los animales jóvenes son parecidos a sus padres en algunas cosas. Son diferentes en otras cosas.

Compara estos dos animales. **Comparar** es decir en qué se parecen dos cosas. Contrasta los dos animales. **Contrastar** es decir en qué se diferencian dos cosas.

orangutanes

Las plantas son parecidas

VIDEO
Ve un video sobre
los padres y sus hijos.

Las plantas de la misma clase son parecidas.
Todas las plantas de caléndula tienen flores
coloridas.

Una planta joven y una planta adulta son
parecidas. Ambas tienen tallos y hojas.

Mira estas plantas. Las hojas de
ambas plantas son parecidas.
Tienen la misma forma.

Comparar Encierra en
un círculo las partes de las
plantas que son parecidas.

planta de caléndula joven

planta de caléndula adulta

Las plantas son diferentes

jacintos

Las plantas de la misma clase son diferentes. Las flores de jacinto pueden ser de diferente color.

Una planta joven y una planta adulta son diferentes. Las plantas tienen diferentes tamaños.

Las plantas adultas tienen más hojas. Por lo general, tienen más flores.

☑ Revisar la lectura **Idea principal y detalles**
Subraya un detalle sobre las plantas adultas.

Dibuja una planta joven y la planta adulta que es su padre.

Los animales son parecidos

Los animales de la misma clase son parecidos. Todos los perros de la pradera tienen pelo.

Los animales jóvenes y sus padres son parecidos. Los perros de la pradera tienen las mismas partes. Sus caras tienen la misma forma.

INTERACTIVITY

Compara en qué se parecen y en qué se diferencian los seres vivos y sus padres.

Comparar Encierra en un círculo dos formas en que los padres y sus hijos se parecen.

Misión Conexión

Di qué pistas pueden ayudarte a encontrar a los padres.

perros de la pradera

Los animales son diferentes

Los animales de la misma clase son diferentes. Los conejos pueden ser cafés, negros o blancos.

Los animales jóvenes y sus padres también son diferentes. Los conejos jóvenes son más pequeños que sus padres.

Contrastar Marca con una **X** un conejo que es diferente de los demás.

Matemáticas ►Herramientas

Comparar números
Puedes comparar el largo de los objetos. Los conejos adultos tienen orejas más largas que los conejos jóvenes. Usa cubos para medir la longitud de dos objetos de la clase. ¿Cuál es más largo?

conejos

Parecidos y diferentes

Los cachorros pueden ser parecidos a sus padres. También pueden ser diferentes.

Airedale

San Bernardo

Identificar Une a los cachorros con sus padres.

Contrastar Comenta en qué se diferencian los cachorros entre sí.

INTERACTIVITY

Conéctate en línea para aprender cómo hacer códigos para computadoras.

¡Codifícalo!

Los códigos de los juegos hacen que los movimientos de los jugadores se vuelvan acciones.

¿Te gustaría escribir códigos para videojuegos?

Aprende sobre la carrera de ingeniero de sistemas.

jugadores de videojuegos

Diséñalo

Los videojuegos usan códigos para hacer que los personajes se muevan. Crea un código para un videojuego. Ayuda al búho robot a llegar hasta sus polluelos.

- [ ] Usa una moneda para representar al búho robot.

- [ ] Pon la moneda en el primer cuadro de arriba del lado izquierdo.

- [ ] Usa la **clave de símbolos** para escribir el código. Guía al búho robot a través del laberinto.

Clave de símbolos

▶	▲
Mover a la derecha 1 espacio	Mover hacia arriba 1 espacio
◀	▼
Mover a la izquierda 1 espacio	Mover hacia abajo 1 espacio

Tu código

1.	2.	3.	4.	5.	6.
7.	8.	9.	10.	11.	12.

Patrones del comportamiento animal

Vocabulario

proteger

patrón

comportamiento

Puedo decir qué necesitan los animales.

Puedo explicar cómo los comportamientos de los padres y sus hijos ayudan a los hijos a sobrevivir.

1-LS1-2

¡En marcha!

Piensa en el hogar de un animal. Dibújalo en una hoja de papel. ¿Cómo ayuda el hogar a los animales jóvenes? Dile a un compañero lo que sabes.

LABORATORIO
PRÁCTICO

1-LS1-2, SEP.6, SEP.8

¿Cómo **protegen** los nidos a los huevos?

Las aves adultas construyen nidos.
Los nidos protegen a los huevos.

Diseñar y construir

☐ **1.** Encierra en un círculo los materiales que usarás para construir tu nido.

☐ **2.** Diseña y construye tu nido.

☐ **3.** Pon canicas en tu nido.

Evaluar tu diseño

4. Di cómo tu nido ayuda a proteger a las canicas.

5. ¿En qué se parece tu nido al nido de un ave?

Materiales

- canicas de 1 pulgada

- materiales para el nido (papel, papel de periódico, hojas, bolsas de papel pequeñas, pasto, ramitas, plastilina)

Práctica de ciencias

Tú **planeas** un **diseño** antes de construir algo.

 Lávate las manos cuando termines.

Las necesidades de los animales

Un animal necesita alimento.

Un animal necesita agua.

Un animal necesita refugio.

ratón de campo

Identificar Encierra en un círculo una foto que muestre un refugio.

Subraya una foto que muestre alimento.

zorro rojo

osos

Los padres ayudan a sus hijos

▶ VIDEO

Ve un video sobre el comportamiento animal.

leones

pájaros carpinteros

Los padres alimentan a sus hijos.
Ayudan a sus hijos a buscar agua.

Identificar Encierra en un círculo el padre de cada foto.

Misión Conexión

Di por qué los animales jóvenes necesitan a sus padres.

Los padres protegen a sus hijos

Muchos animales jóvenes tienen padres que los protegen. **Proteger** algo es defenderlo del peligro. Los padres protegen a sus hijos del frío.

Comprensión visual Piensa en un animal. Dibuja cómo el padre protege a su hijo.

suricatas

cisnes

Patrones La naturaleza tiene muchos patrones. Un **patrón** es algo que se repite. Los padres protegen a sus hijos. Usan sus cuerpos para protegerlos. ¿Qué patrones ves en estas dos páginas?

canguros

pingüinos

gatos

Lección 3   Patrones del comportamiento animal   211

Los padres les enseñan a sus hijos

INTERACTIVITY

Muestra cómo
los padres cuidan
a sus hijos.

Los elefantes adultos enseñan a sus hijos distintas formas de actuar, o **comportamientos**. Les muestran cómo usar su trompa. Les muestran cómo revolcarse en el lodo. El lodo protege su piel del sol.

Identificar Subraya dos cosas que enseñan los elefantes adultos a sus hijos. Encierra en un círculo a los hijos de las fotos.

elefantes

Los hijos se quedan cerca y hacen sonidos

Los hijos se quedan cerca de sus padres para mantener el calor. Los hijos se quedan cerca para dormir. Los hijos se agarran de sus padres para estar seguros.

Los hijos también ayudan a sus padres. Lloran y pían para mostrar que tienen hambre.

koalas

aves

☑ **Revisar la lectura** **Idea principal y detalles** Subraya un detalle sobre los hijos.

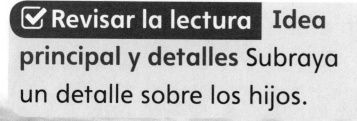

ballenas

Los padres enseñan a sus hijos

La osa parda cuida a sus oseznos.

Los alimenta y los protege. Los oseznos aprenden a esconderse cuando hay peligro.

La osa negra cuida a sus oseznos.

Los alimenta y los protege.

Los oseznos aprenden a trepar árboles para estar seguros.

☑ **Revisar la lectura** **Idea principal y detalles** Subraya cómo las osas ayudan a sus hijos. Encierra en un círculo lo que aprenden los oseznos.

osos pardos

osos negros

Comparar números

El símbolo > significa más que.

El símbolo < significa menos que.

Algunos animales viven en grupos.
Puedes usar símbolos para comparar
la cantidad de animales en cada grupo.

Cuenta los animales en cada grupo.
Escribe los números en los recuadros.

peces

tortugas

Comparar Escribe el símbolo correcto.

El número de peces es el número de tortugas.

INTERACTIVITY

Aplica lo que aprendiste en la Misión.

Encuentra a los padres

¿Qué pistas nos ayudan a encontrar a los padres de las crías?

Mira las páginas anteriores. Encuentra al padre de cada uno de estos animalitos.

Muestra lo que encontraste

Has encontrado a los animales jóvenes y a sus padres. Escoge uno. Dibuja al padre y al hijo o haz modelos de plastilina. Luego escribe cómo los padres ayudan a sus hijos.

Científicos de la naturaleza

Los científicos de la naturaleza estudian las plantas y los animales. También estudian otras cosas. Un hongo es parte de la naturaleza. Una roca es parte de la naturaleza.

Algunos científicos de la naturaleza trabajan en el bosque.

Algunos trabajan en el océano.

Otros trabajan en las montañas.

¿Qué parte de la naturaleza te gustaría estudiar?

_____

_____

_____

_____

☑ Evaluación

Pregunta esencial ¿En qué se parecen o se diferencian los padres y sus hijos?

Muestra lo que aprendiste
Dile a un compañero lo que aprendiste sobre los padres y sus hijos.

1. ¿Qué patrón ves en las fotos?

   a. La planta joven se ve igual que el árbol adulto.

   b. La planta joven crece y cambia.

   c. La planta joven es tan alta como el árbol.

   d. El brote tiene más hojas.

2. ¿En qué se parecen los animales jóvenes a sus padres?

   a. Son del mismo tamaño.

   b. Son de diferente color.

   c. Tienen las mismas partes del cuerpo.

   d. Tienen diferentes comportamientos.

3. ¿Cómo sobreviven los animales jóvenes?

Usa la lista de palabras para llenar la tabla.

enseñar llorar aprender proteger alimentar quedarse cerca

Cosas que hacen los padres	Cosas que hacen los hijos

4. Mira la foto de la cebra y su madre.
Escribe cómo el comportamiento de
la cebra joven la ayuda a sobrevivir.

_____

_____

_____

_____

_____

_____

Lee y responde las preguntas 1 a 4.

Diego recibió una pecera para su cumpleaños. Colocó rocas y plantas acuáticas en su pecera. Compró gupis anaranjados y platys rojos. Los peces nadaban por toda la pecera.

Un día, un pez tuvo crías. Las crías eran muy pequeñas. Tenían que esconderse de los peces grandes. Se mantenían juntas entre las plantas. Eran difíciles de encontrar. Solo salían cuando Diego ponía alimento en la pecera.

1. ¿Qué oración describe mejor en qué se parecen las crías de los peces a sus padres?

   a. Las crías son del mismo tamaño que los padres.

   b. Las crías podrían ser comidas por peces más grandes.

   c. Las crías tienen la misma forma que los padres.

   d. Las crías se escondían en las plantas.

2. Escribe en qué se diferencian los comportamientos de las crías y los peces adultos.

_____
_____
_____
_____
_____
_____
_____

3. Diego le dio una de las crías de sus peces a un amigo. ¿Qué tipo de pez podrá ser?

a. un platy verde

b. un platy anaranjado

c. un gupi rojo

d. un gupi anaranjado

4. Encierra en un círculo la palabra que complete correctamente la oración.

| peligro | agua | alimento | refugio |

Diego puso plantas en su pecera porque las crías de los peces necesitan _____.

¿Cómo cambian los seres vivos al ir creciendo?

Cada material representa una parte de un ser vivo. Usarás estos materiales para observar las diferencias entre un padre y un hijo.

Materiales

- sedal
- agitador de plástico
- limpiapipas
- palillo de manualidades

Procedimiento

☐ 1. **Observa** el sedal. Es como las púas de un puercoespín joven. Escribe en la tabla lo que observes.

☐ 2. **Observa** el agitador. Es como las púas de un puercoespín adulto. Escribe en la tabla lo que observes.

☐ 3. **Observa** el limpiapipas. Es como el tallo de una planta joven. Escribe en la tabla lo que observes.

☐ 4. **Observa** el palillo de manualidades. Es como el tallo de una planta adulta. Escribe en la tabla lo que observes.

Práctica de ciencias

Tú **observas** cuando miras de cerca las cosas.

puercoespines

 Ten cuidado cuando uses objetos punzantes.

Observaciones

Objeto	Observaciones
sedal	
agitador	
limpiapipas	
palillo de manualidades	

Analizar e interpretar datos

5. **Explica** cómo un puercoespín joven es parecido y es diferente a sus padres.

6. **Explica** cómo una planta joven es parecida y es diferente a sus padres.

Prácticas de ciencias

Preguntas

Los científicos hacen preguntas sobre el mundo. Podrían preguntar qué rocas flotan en el agua. Esta pregunta se puede poner a prueba. Los científicos pueden hacer pruebas para encontrar la respuesta. Un científico no preguntaría qué rocas son bonitas. Esta pregunta no se puede poner a prueba porque a las personas les gustan diferentes rocas.

Haz una pregunta que tengas acerca de estas rocas. Di si tu pregunta se puede poner a prueba.

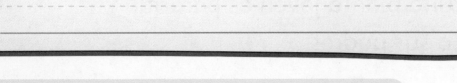

_____

_____

_____

_____

SEP.1 Hacer preguntas y definir problemas
SEP.3 Planear y realizar investigaciones

Investigaciones

Los científicos buscan respuestas. Investigan. Hacen pruebas imparciales. En una prueba imparcial, cambias una cosa. Luego ves qué sucede. Podrías dejar caer una roca para ver si se rompe. Luego puedes intentarlo con una roca diferente. Pero debes dejarla caer desde la misma altura. Si cambias la altura, la prueba no es imparcial.

Un científico pone una roca grande en agua dulce. Pone una roca pequeña en agua salada. Di si esto es una prueba imparcial. Explica por qué.

_____

_____

_____

_____

_____

Prácticas de ciencias

Herramientas e instrumentos

Los científicos observan las cosas para aprender sobre ellas. Lo que aprenden se llama información. Los científicos pueden usar sus sentidos para obtener información. Pueden mirar y escuchar. También pueden usar herramientas e instrumentos para obtener más información. Pueden usar una balanza para medir el peso. Pueden usar un cilindro graduado para medir líquidos. Pueden usar una regla métrica para medir la longitud.

Encierra en un círculo la herramienta que podrías usar para medir la longitud del cristal.

La información es importante. A veces es difícil recordar toda la información. Los científicos no quieren olvidar lo que han aprendido. Anotan toda la información que encuentran. Dibujan o escriben lo que observan. Usan cuadernos y computadoras.

¿Qué tipo de información podrías reunir sobre estos minerales? ¿Qué instrumentos puedes usar para observar?

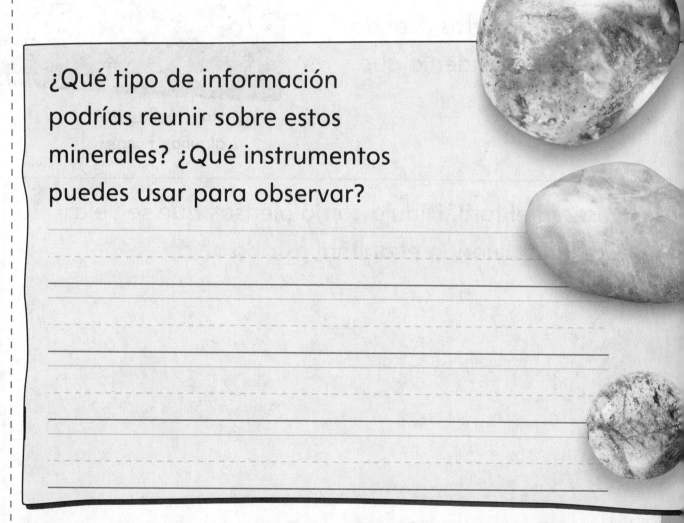

Analizar e interpretar datos

¿Qué tipos de rocas hay en los ríos? Una científica no trataría de adivinarlo. Reuniría información, es decir, datos. Analizaría e interpretaría los datos. Interpretas datos cuando intentas entender lo que significan.

Hay fósiles en algunas rocas.

Observa el fósil. Dibuja cómo piensas que se veía este lugar cuando el animal estaba vivo.

Cómo medir

Los científicos pueden medir cosas muy pequeñas o muy grandes. Deben usar las herramientas correctas. Puedes medir un lápiz con una regla métrica. Un grano de arena puede ser difícil de medir. Los científicos miden cosas con cuidado. Pueden medir algo más de una vez.

¿Qué herramienta usarías para medir el fósil? Explica a un compañero cómo usar esa herramienta.

Prácticas de ciencias

Explicaciones

Explicas algo cuando ayudas a otros a entenderlo. Los científicos pueden dibujar o construir un modelo para explicar cómo funciona algo. Un modelo es una copia de algo real. Cuando dibujas algo, estás haciendo un modelo.

Este dibujo muestra las capas del suelo.

Dibuja un modelo de algo que te gusta. Agrega rótulos para mostrar cómo funciona.

SEP.2 Desarrollar y usar modelos
SEP.6 Crear explicaciones y diseñar soluciones
SEP.7 Plantear argumentos a partir de la evidencia

Argumentos a partir de la evidencia

Los científicos comparten lo que saben. Usan argumentos y evidencia. En un argumento, dices lo que sabes. También dices por qué piensas que es cierto. Los hechos que muestran que algo es cierto se llaman evidencia. Los científicos usan datos como evidencia.

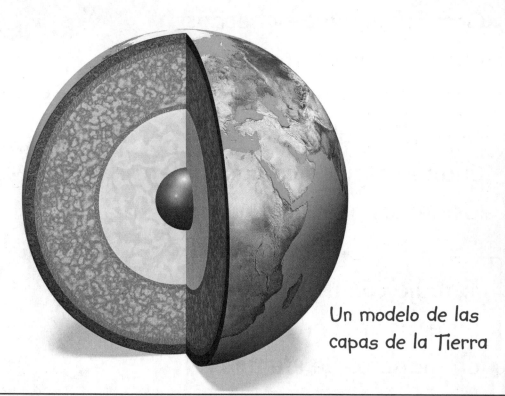

Un modelo de las capas de la Tierra

Mira el modelo de la Tierra. ¿Cómo podría un científico encontrar evidencia de que las capas dentro de la Tierra están calientes?

_____

_____

_____

_____

Prácticas de ciencias

Trabajo en equipo

Los científicos a menudo trabajan juntos. Pueden obtener información de otros científicos. Comparten ideas y hechos nuevos. Hacen lluvias de ideas para resolver problemas. Los científicos revisan el trabajo de otros científicos. Cuando alguien comete un error, los demás pueden ayudar.

El oro real tiene bordes más redondeados y es más brilloso que el oro de los tontos.

Trabaja con un compañero. Mira las imágenes. Piensa en maneras de identificar qué mineral es oro y cuál no lo es.

_____

_____

_____

_____

Comunicación

Los científicos comunican su trabajo. A veces presentan su trabajo en persona. A veces escriben informes. A veces escriben libros. Comparten unos con otros lo que encuentran. Aprenden del trabajo de los demás. Describen lo que observan. Los científicos también comparten con la comunidad.

Encierra en un círculo dos maneras en que los científicos comparten sus hallazgos.

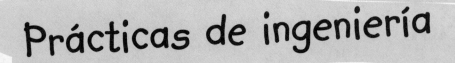

Prácticas de ingeniería

Definir un problema

Los ingenieros intentan encontrar respuestas a los problemas. Su trabajo ayuda a una comunidad. Comienzan definiendo un problema que pueden resolver.

Di qué problema intentaban resolver los ingenieros cuando diseñaron las máquinas de la cantera.

máquina

SEP.1 Hacer preguntas y definir problemas
SEP.2 Desarrollar y usar modelos
SEP.3 Planear y realizar investigaciones
SEP.6 Crear explicaciones y diseñar soluciones

Diseñar una solución

Después, los ingenieros diseñan diferentes maneras de resolver un problema. Ponen a prueba sus soluciones. Cada prueba es una prueba imparcial. Pueden usar modelos como ayuda.

Esta roca contiene cobre que se puede usar para hacer alambres.

El cobre se usa para hacer alambres y tubos para las casas. La electricidad puede recorrer los alambres de cobre. Di cómo los ingenieros pueden poner a prueba alambres de cobre.

Prácticas de ingeniería

Mejorar el diseño

Los ingenieros siempre buscan una mejor solución. Hacen pruebas. Reúnen y registran datos. Usan datos de otros ingenieros. Analizan e interpretan los datos. Los ingenieros usan datos como evidencia. Los usan para mejorar su solución.

Trabaja con un compañero. Di cómo mejorarías el diseño de un túnel a través de una montaña.

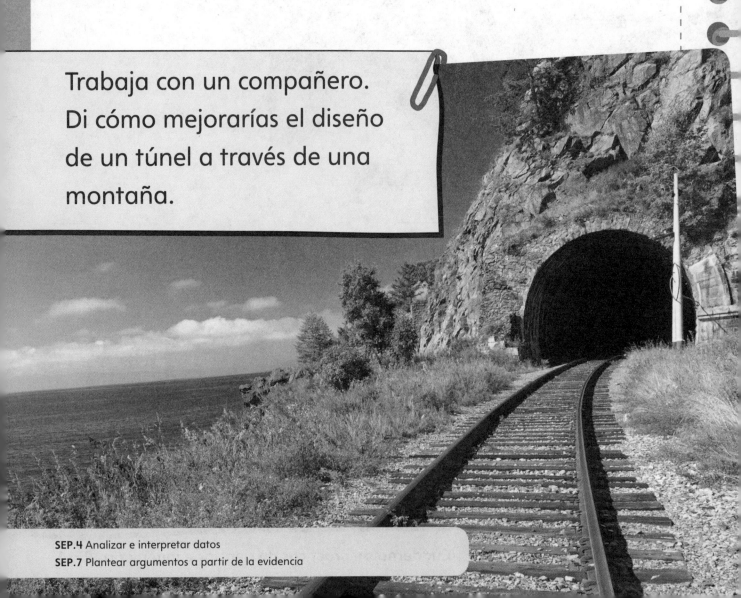

SEP.4 Analizar e interpretar datos
SEP.7 Plantear argumentos a partir de la evidencia

Los ingenieros
comparten su trabajo
con otros. Revisan el
trabajo de otros. Los
ingenieros tienen
retroalimentación
unos con otros. La

retroalimentación es lo que otros piensan
acerca de lo que haces. Los ingenieros
usan la retroalimentación para mejorar
sus diseños. Ponen a prueba sus nuevas
soluciones de diseño.

¿Qué instrumentos e información usarías para
trabajar en el problema del túnel?

_____

_____

_____

_____

_____

anemómetro Instrumento que mide qué tan rápido se mueve el viento. El **anemómetro** mostró que el viento se movía muy rápido.

branquia Parte de un pez que le permite respirar bajo el agua. Las **branquias** de un pez dorado están cerca de la cabeza.

ciclo de vida Etapas por las que pasa un ser vivo durante su vida. Un manzano produce flores durante su **ciclo de vida**.

comparar Decir en qué se parecen dos cosas. Puedes **comparar** la forma de dos naranjas.

comportamiento Forma de actuar. Revolcarse en el lodo es un **comportamiento** de los elefantes.

comunicar Compartir un mensaje o información. Escribí una nota para **comunicar** un mensaje a un amigo.

contrastar Decir en qué se diferencian dos cosas. Puedes **contrastar** las formas de una banana y una manzana.

crías Los hijos que tienen los padres. Un cachorro es la **cría** de un perro.

escamas Muchas placas duras que cubren la piel de las serpientes y los peces. Algunos peces tienen **escamas** muy coloridas.

estación Período del año que tiene un estado del tiempo y una cantidad de luz solar determinados. El verano es mi **estación** preferida del año.

estado del tiempo Cómo se ve y se siente afuera. Cuando el **estado del tiempo** es tormentoso, hay nubes oscuras y llueve.

estrella Bola grande de gas caliente en el espacio. Una **estrella** se ve pequeña porque está muy lejos.

fase de la Luna Las distintas formas de la Luna en el cielo. La luna llena es una **fase de la Luna**.

gravedad Fuerza que jala los objetos a la Tierra. La **gravedad** causa que la lluvia caiga de las nubes al suelo.

hoja Parte de la planta que produce comida. Las **hojas** de algunos árboles cambian de color en otoño.

imitar Copiar cómo luce o lo que hace algo. Las personas **imitan** cosas que hacen las plantas y los animales.

luz Lo que te permite ver personas y cosas. La **luz** de mi lámpara me permite ver la imagen.

materia Todo lo que ocupa espacio. Un libro está hecho de **materia**.

medio ambiente Todos los seres vivos y los objetos inertes de un lugar. Un **medio ambiente** de bosque tiene árboles, agua y suelo.

nutriente Material en los alimentos que ayuda al cuerpo a crecer y estar sano. La leche tiene muchos **nutrientes** importantes.

objetos inertes Objetos que no necesitan alimento ni agua y que no pueden crecer ni tener hijos. Una roca es un **objeto inerte**.

opaco Que tapa toda la luz. Una puerta de madera es un objeto **opaco**.

patrón Algo que se repite. Las distintas formas de la Luna forman un **patrón**.

percusión Instrumentos musicales que se golpean para hacer sonido. Los tambores son mi tipo preferido de **percusión**.

pluviómetro Instrumento que mide cuánta lluvia ha caído. El **pluviómetro** mostró que hubo más lluvia hoy que ayer.

proteger Defender algo del peligro. Una mamá oso **protege** a sus oseznos.

puesta del sol Lo que ocurre cuando el Sol parece bajar al atardecer. Algunos animales prefieren cazar después de la **puesta del sol**.

raíz Parte de una planta que crece hacia abajo en el suelo. La **raíz** de un árbol puede ser muy profunda.

reflejar Dejar que la luz rebote. El agua del lago puede **reflejar** la luz solar.

refugio Un lugar donde protegerse. Muchos tipos de animales usan las cuevas como **refugio**.

rotación Movimiento en el que un objeto gira. La **rotación** de la Tierra causa el día y la noche.

salida del sol Lo que ocurre cuando el Sol parece elevarse en la mañana. Muchas personas se levantan todos los días con la **salida del sol**.

seres vivos Seres que necesitan alimento y agua, y que pueden crecer y tener hijos. Un gato es un **ser vivo**.

Sol La estrella que está más cerca de la Tierra. El **Sol** es lo que ilumina el día.

sombra Forma oscura que se hace cuando se tapa la luz. Mi gato hizo una **sombra** cuando caminó por delante de la lámpara.

tallo Parte de la planta que la sostiene. El **tallo** de una rosa tiene espinas puntiagudas.

termómetro Instrumento que mide la temperatura. El **termómetro** me muestra cuánto frío o calor hace afuera.

tono Qué tan agudo o grave es un sonido. El bebé lloró con un **tono** alto.

tornado Tormenta con vientos muy fuertes. Un **tornado** tiene forma de embudo.

transparente Que deja pasar casi toda la luz. Mi vaso de agua es **transparente** porque puedo ver a través de él.

traslúcido Que tapa parte de la luz. El vidrio de color de la ventana es **traslúcido**.

ventisca Tormenta con vientos y nieve fuertes. La **ventisca** hizo caer un árbol de mi jardín.

vibrar Moverse adelante y atrás muy rápido. Siento la parte de arriba del tambor **vibrar** cuando la golpeo.

volumen Qué tan fuerte o suave es un sonido. El **volumen** de la radio está muy fuerte.

Índice

Índice

Índice

Índice

Índice

Reconocimientos

Fotografías

Photo locators denoted as follows: Top (T), Center (C), Bottom (B), Left (L), Right (R), Background (Bkgd)

Portada: Geoff Valcourt Images/Moment Open/Getty Images;
Contraportada: Marinello/DigitalVision Vectors/Getty Images;

Páginas preliminares

iv: Clari Massimiliano/Shutterstock; vi: Inmagineasia/Getty Images; vii: Monkey Business Images/Shutterstock; viii: Lucentius/iStock/Getty Images; ix: DmitriMaruta/iStock/Getty Images; x: Amble Design/Shutterstock; xi: Michaeljung/Shutterstock; xii Bkgrd: Brian J. Skerry/National Geographic/Getty Images; xii TR: Old Apple/Shutterstock; xiii B: Pearson Education; xiii TL: Pearson Education

Tema 1

000: Victor Korchenko/Alamy Stock Photo; 002: Inmagineasia/Getty Images; 004: Ekler/Shutterstock; 005: Maturos Thipmunee/EyeEm/Getty Images; 006: Blend Images KidStock/Brand X Pictures/Getty Images; 007: Exopixel/Shutterstock; 008: Carloscastilla/iStock/Getty Images; 009 B: S7chvetik/Shutterstock; 009 BC: Inmagineasia/Getty Images; 009 TR: Welcomia/Shutterstock; 010 B: Debbie DiCarlo Photography/Moment Open/Getty Images; 010 TL: Inmagineasia/Getty Images; 012: Ian Allenden/Alamy Stock Photo; 013: Sunny_baby/Shutterstock; 014: Sasra Adhiwana/EyeEm/Getty Images; 015 CL: Wavebreakmedia/Shutterstock; 015 CR: Tudor Photography/Pearson Education Ltd; 016 BR: Gannet77/iStock/Getty Images; 016 CR: MBI/Alamy Stock Photo; 016 TR: F1online digitale Bildagentur GmbH/Alamy Stock Photo; 017 BCR: Inmagineasia/Getty Images; 017 BR: Eleonora Cecchini/Moment/Getty Images; 017 TL: Glowimages RM/Alamy Stock Photo; 017 TR: Robertharding/Alamy Stock Photo; 018 B: Veniamin Kraskov/Shutterstock; 018 C: Inmagineasia/Getty Images; 020: David Woolley/DigitalVision/Getty Images; 021: JRLPhotographer/iStock/Getty Images Plus; 022 Bkgrd: Hung Chung Chih/Shutterstock; 022 BL: Juan Ignacio Sánchez Lara/Moment Open/Getty Images; 023 BCR: Theo Allofs/Corbis/Getty Images; 023 BR: Scyther5/Shutterstock; 023 TCR: Btkstudio/E+/Getty Images; 023 TR: Adrio Communications Ltd/Shutterstock; 024 B: Ariel Skelley/Blend Images/Getty Images; 024 CR: Inmagineasia/Getty Images; 026: Rvlsoft/Shutterstock; 027: James BO Insogna/Shutterstock; 028 Bkgrd: OJO Images Ltd/Alamy Stock Photo; 028 C: Inmagineasia/Getty Images; 029 B: Ted Foxx/Alamy Stock Photo; 029 TR: LWA/DigitalVision/Getty Imges; 030: Eleonora Cecchini/Moment/Getty Images; 031 BC: David Woolley/DigitalVision/Getty Images; 031 BCL: Btkstudio/E+/Getty Images; 031 BCR: Natthawut Nungsanther/EyeEm/Getty Images; 031 BL: Ian Allenden/Alamy Stock Photo; 031 BR: Adrio Communications Ltd/Shutterstock; 031 C: Scyther5/Shutterstock; 034: KidStock/Blend Images/Getty Images

Tema 2

036: Fraser Hall/Publisher Mix/Getty Images; 038: Monkey Business Images/Shutterstock; 041: Eliks/Shutterstock; 042: Maskot/Getty Images; 044: Shaiith/iStock/Getty Images; 045: Monkey Business Images/Shutterstock; 046: Frans Lemmens/Corbis Unreleased/Getty Images; 047 BR: Pakhnyushchy/Shutterstock; 047 CR: Lamai Prasitsuwan/123RF; 047 TL: Monkey Business Images/Shutterstock; 047 TR: Miguel Guerra/EyeEm/Getty Images; 048: Chris Howey/Shutterstock; 052 B: Look Aod27/Shutterstock; 052 TR: Afrijal Dahrin/EyeEm/Getty Images; 053 BR: Monkey Business Images/Shutterstock; 053 CR: Manzrussali/Shutterstock; 054 B: Richard Megna/Fundamental Photographs; 054 BL: Jacqui Dracup/Alamy Stock Photo; 054 TL: Monkey Business Images/Shutterstock; 055 B: Karramba Production/Shutterstock; 055 CR: Shutterstock; 056 Bkgrd: Iakov Kalinin; 056 C: Avtk/Shutterstock; 059: Dinozzaver/Shutterstock; 060: Anna Om/Shutterstock; 061 B: Cleanfotos/Shutterstock; 061 TR: Pidjoe/E+/Getty Images; 062 BCL: Allanw/Shutterstock; 062 BL: Andrey Bayda/Shutterstock; 062 BR: Bowdenimages/iStock/Getty Images; 062 TR: Salajean/Shutterstock; 063 BCR: Monkey Business Images/Shutterstock; 063 BL: Aurora Photos/Alamy Stock Photo; 063 BR: Solareven/Shutterstock; 063 CR: Wayne Matthew Syvinski/Shutterstock; 063 TR: Robandrew/E+/Getty Images; 064: Monkey Business Images/Shutterstock; 065: Olena Zaskochenko/Shutterstock; 066 Bkgrd: Shotshop GmbH/Alamy Stock Photo; 066 TR: Monkey Business Images/Shutterstock; 067 Bkgrd: Wildjohny/Shutterstock; 067 TR: Wavebreakmedia/Shutterstock; 068 BR: Erik Isakson/Blend Images/Getty Images; 068 T: Kryssia Campos/Moment Open/Getty Images; 069 C: Nexus 7/Shutterstock; 069 CL: Bancha SaeLao/Shutterstock; 069 CR: Thanatham Piriyakarnjanakul/EyeEm/Getty Images; 072: Michael Wheatley/Alamy Stock Photo

Tema 3

074: John Davis/Stocktrek Images/Getty Images; 076: Lucentius/iStock/Getty Images; 079 Bkgrd: B.A.E. Inc./Alamy Stock Photo; 079 CR: Dennis Hallinan/Alamy Stock Photo; 080: Nata777_7/Fotolia; 081: Artur Marfin/Shutterstock; 082 B: Katrin Lillenthal/EyeEm/Getty Images; 082 Bkgrd: AlinaMD/iStock/Getty Images; 083: Lucentius/iStock/Getty Images; 084 Bkgrd: Spiderstock/iStock/Getty Images; 084 TR: Godrick/Shutterstock; 085: Lucentius/iStock/Getty Images; 086: Terry Why/Photolibrary/Getty Images; 088: AlinaMD/Shutterstock; 089 B: Westend61/Brand X Pictures/Getty Images; 089 TR: Sergii Broshevan/123RF; 090: PavleMarjanovic/Shutterstock; 091 Bkgrd: Aliaksei Lasevich/Fotolia; 091 BR: Lucentius/iStock/Getty Images; 091 TR: Astrobobo/iStock/Getty Images Plus; 092 C: Luxx Images/DigitalVision/Getty Images; 092 TL: Lucentius/iStock/Getty Images; 092 TR: Paola Cravino Photography/Moment/Getty Images; 093: Pandawild/Fotolia; 094: Aleksandr Belugin/Alamy Stock Photo; 096 BR: FotoMak/Fotolia; 096 C: Lucentius/iStock/Getty Images; 096 TR: Creative Travel Projects/Shutterstock; 097: Snehit/Shutterstock; 098 BR: Tatiana Popova/123RF; 098 TR: Lucentius/iStock/Getty Images; 099 B: Bunya541/Moment Open/Getty Images; 099 TR: Tatiana Popova/123RF; 102 Bkgrd: Standret/iStock/Getty Images Plus; 102 CL: AlinaMD/iStock/Getty Images; 102 CR: Lucentius/iStock/Getty Images; 103 BR: Erik Isakson/Getty Images; 103 TR: NASA Photo/Alamy Stock Photo; 104 BR: Claudio Divizia/Fotolia; 104 T: Pockygallery/Shutterstock; 108: Gay Bumgarner/Alamy Stock Photo

Tema 4

110: Maxblack/Moment/Getty Images; 112: DmitriMaruta/iStock/Getty Images; 115: Rudy Lopez Photograph/Shutterstock; 118: Mandritoiu/Shutterstock; 119 BR: DmitriMaruta/iStock/Getty Imag; 119 CR: TerryM/Shutterstock; 120 CR: Manfredxy/Shutterstock; 1?? TR: Eakkachai Halang/Shutterstock; 121 Bkgrd: Minerva Studio/Shutterstock; 121 BL: Gary Hebding Jr./Alamy Stock Photo; 122 Bkgrd: Adam1975/123RF; 122 R: TerryM/Shutterstock; 1?? TL: DmitriMaruta/iStock/Getty Images; 123 B: Evgeny Mur?

Tema 5

Páginas finales

PF31

cimientos

Mis notas y diseños

Dibuja, escribe, crea

Mis notas y diseños

Dibuja, escribe, crea